대한민국
상가
투자 지도

1일 매출로 보는 대한민국 상가 투자 지도

김종율 (옥탑방보보스) 지음

연신내역 ○○○커피:
일 매출 300만 원

노원역 ○○아이스크림:
일 매출 230만 원

쌍문역 ○○치킨:
일 매출 130만 원

불광역 ○○○햄버거:
일 매출 180만 원

안암역 ○○빵집:
일 매출 210만 원

홍대입구역 ○○편의점:
일 매출 400만 원

서울대입구역 ○○반점:
일 매출 350만 원

천호역 ○○토스트:
일 매출 600만 원

신림역 ○○화장품점:
일 매출 180만 원

낙성대역 ○○편의점:
일 매출 170만 원

한국경제신문

어디에도 없는 귀한 책

김학렬(스마트튜브 부동산조사연구소 및 문화콘텐츠제작소 소장)

여러분은 파리바게뜨와 배스킨라빈스의 수익이 얼마나 되는지 알고 계십니까? 김밥천국과 죠스떡볶이의 결정적 차이는 아십니까? 유동인구가 많은 중심 상권이 좋은 입지일까요? 도시 외곽이나 비서울 중소도시에는 좋은 상가가 없을까요?

이 궁금증에 대한 해답을 김종율 대표는 명쾌하게 설명합니다.《대한민국 상가투자 지도》를 통해서 말이죠.《대한민국 상가투자 지도》는 김종율 대표가 왜 대한민국 최고의 상가 전문가인지 단번에 알 수 있게 하는 책입니다. 이 책을 통해 그가 얼마나 치열하게 상권연구와 상가투자에 매달렸는지 알 수 있었습니다.

단순히 이론만 설명하는 책이었다면 저는 추천의 글을 쓰지 않았을 겁니다. 또 단순히 "나 얼마 벌었어"라며 자산의 증가분을 자랑하는 책이었다면 아예 김종율 대표와 함께하지도 않았을 겁니다. 그는 진짜 전문가이고 투자자입니다. 그가 실제 투자와 연구를 통해 대한민국 최고의 상가 전문가가 되었다는 사실만으로도 그가 쓴 이 책은 충분한 가치가 있습니다.

좋은 상권을 추천하는 것은 누구나 할 수 있는 일입니다. 하지만 그는 아무리 나쁜 상권에도 좋은 입지는 있다고 제안합니다. 유동인구에 현혹되지 말라고 말합니다. 유동인구는 상가의 표면적인 매출을 높일 뿐이지 투자 수익률과 미래 가치를 보장해주지 않기 때문입니다.

프랜차이즈 점포의 매출이 생각보다 높지 않다는 사실을 매스컴을 통해 많은 분들이 알고 계실 겁니다. 하지만 프랜차이즈를 통해서도 성공적인 상가투자를 할 수 있습니다.

그런데 프랜차이즈 본사가 제시하는 매출 자료, 상가 매도자가 설명하는 매출 자료는 실제보다 과장되어 있을 가능성이 매우 높습니다. 결국 프랜차이즈 점포를 인수할 때는 매출 자료보다 매입 자료가 필요합니다. 매입 자료를 속이기는 힘들기 때문이죠. 이처럼 실질적인 투자 팁을 줄 수 있는 상가 전문가는 김종율 대표밖에 없다고 생각합니다.

그렇습니다. 상가투자에서 가장 중요한 것은 그 입지의 그 점포에서 나오는 매출을 정확히 추정하는 것입니다. 이 매출 데이터는 그 어떤 곳에도 없습니다. 점포 하나하나를 모두 직접 조사하고 정리해야 얻을 수 있는 정보입니다. 개인이 하게 되면 수년이 걸릴 수도 있습니다. 그 몇 년간의 노력을 한 권의 책으로 모두 풀어준 김종율 대표가 그저 고마울 따름입니다.

이렇게 재밌고 구체적이며, 실질적으로 의사결정을 할 수 있는 상가투자 이야기를 또 누가 할 수 있을까요?

〈빠숑의 세상 답사기〉 팟캐스트 방송을 하면서 개인적으로 관심이 많은 북카페와 떡볶이 가게에 대한 창업 코칭을 받은 적이 있습니다. 감동의 시간이었죠. 그 살아있는 상가투자 특강 시간을 이젠 책으로도 함께할 수 있다니 얼마나 기쁜지 모르겠습니다.

존경합니다. 김종율 대표님! 당신은 진정한 대한민국 최고의 상가 전문가입니다!

기회는 아직 남아 있습니다

이주현(월천재테크 대표, 《나는 부동산으로 아이 학비 번다》 저자)

전문가가 인정하는 진짜 전문가

제가 김종율 대표를 처음 만난 건 2015년이었습니다. 한창 상가투자 강의를 듣고 상권 임장을 다니던 때였지요. 지금은 아파트와 재개발 투자를 주로 하고 있지만, 당시는 수익형 부동산에 관심이 많았습니다. 전에 다니던 회사에서 프랜차이즈 업무, e-POS(전자 금전등록기) 도입 프로젝트를 진행했던 경험이 있었기에 상권에 대해 잘 안다는 자부심이 컸거든요. 가령 경매 물건이 나와 상권을 보면 예전에 조사하고 직접 갔던 곳들이었지요.

특히 상권이 뻗어나가는 길에 대해 잘 안다고 자만했습니다. 이 상권은 저쪽으로 뻗어나갈 테고, 그러니 저쪽을 선점하고 있다가 상권이 뻗어오면 권리금이 생성돼 이익을 얻고 팔고 나갈 수 있겠구나 생각했습니다. 상가투자는 살아 있는 생물과 같아서 정말 재미있는 영역 같았습니다. 하지만 당시는 자금력이 없어 실제로 투자로 이어지지 못하고 대신 언젠가는 할 수 있다는 목표로 꾸준히 공부를 하던 상황이었습니다. 신도시가 생겨 메인 상가가 분양을 하면 관심 있게 지켜보고, 상가가 들어섰을 때 상권이 어떻게 뻗어나가고 있는지 체크해 보면서요.

그런데 이런 것들이 모두 '삽질'이었다는 점을 깨닫게 해준 것이 있었으니 바로 김종율 대표의 강의였습니다. 그때 저는 무릎을 쳤습니다. 아, 이거구나!

흔히 하는 착각이 '내가 상권분석을 잘하고 트렌드를 잘 아니 상가투자를 하면 성공할 것이다'입니다. 그런데 막상 상가투자를 하면 의외로 항아리 상권 같은 전통적인 상권이 더 안정적인 수익을 주기도 하고, 내가 그 상권에서 장사를 하거나 인근에 살지 않으면 상권의 흥망성쇠를 눈으로 볼 수 없기 때문에 진입 타이밍을 놓치기도 합니다. 리스크가 큰 것이지요.

저는 김종율 대표의 강의를 듣고 내가 너무 '핫'한 상권, '핫'해질 상권에만 관심이 많았다는 사실을 깨달았습니다. 특히 〈신도시 매출 지도〉 특강은 나의 선입견을 단번에 깨뜨려주었습니다. 마치 뒤통수를 한 방 세게 맞은 듯한 느낌 이었지요.

김종율 대표는 한국미니스톱과 GS리테일에서 근무한 경력이 있습니다. 저도 바이더웨이, 훼미리마트와 같이 일한 적이 있고 친구 중에 점포개발자들이 있어 간접 경험이 있는데요. 편의점 회사는 그야말로 상권분석의 달인들이 모여 있는 곳입니다. 가장 최신의 데이터를 통해 매우 철저한 분석을 합니다. 그중에서도 GS리테일은 에이스들이 모인 곳이라고 들었습니다.

김종율 대표의 다음 행보는 홈플러스 입사였어요. 홈플러스는 점포개발에 뛰어난 것으로 정평이 난 이마트를 맹렬히 추격하며 공격적인 점포개발을 했는데요. 편의점과 다르게 홈플러스 같은 대형 마트는 토지개발이 우선 과제입니다. 그러니 김종율 대표는 상가와 토지를 모두 아우르는 전문가로서 이제는 경매까지 다루는 투자 강의를 할 수 있는 거지요. 정말 자연스러운 길이고 그에게 운명처럼 다가온 길이 아닌가 생각합니다.

흙수저들에게 희망을

김종율 대표가 첫 책을 내고 강연을 하던 날이 떠오릅니다. 청중으로 가득 찬 광화문 교보문고에서 김종율 대표는 자신이 살았던 반지하 집 사진을 보여주며 눈물을 흘렸습니다. 청중들도 같이 울며 뜨거운 박수를 보냈던 그날이 잊히지 않습니다.

'헬조선'이라고 하지만 대한민국은 아직 꿈과 희망이 있는 곳입니다. 적어도 저는 그렇게 생각하고, 그 근간에 있는 것이 재테크라고 생각합니다. 특히 부동산은 레버리지를 사용할 수 있습니다.

지금부터라도 열심히 공부하고 철저히 준비하면 여러분도 제2의 김종율이 될 수 있다고 생각합니다. 점포개발 경력이 없고 토지개발 경험도 없다고 두려워하지 마세요. 진짜 전문가인 김종율 대표와 함께한다면 반드시 길이 보일 겁니다. 무일푼에서 지금 이 자리까지 자신의 인생과 자산을 일궈온 김종율 대표의 역사가 여러분의 것이 될 수 있습니다.

지금 상황이 좋지 않다고 해서 포기하지 마세요. 특히 상가나 토지에 투자하신 분들은 절대로 돈을 잃어서는 안 됩니다. 그리고 돈을 잃지 않기 위해서는 치열한 분석과 꾸준한 공부와 절대적인 노력이 필요합니다. 때로는 그 분석과 공부와 노력이 뜻대로 되지 않을 때가 있습니다. 그때 필요한 것이 조력자이자

조언자이며 멘토입니다. 김종율 대표는 여러분의 멘토로서 충분한 자질을 갖춘 사람이라고 생각합니다.

그의 전작 《나는 집 대신 상가에 투자한다》로 유효수요와 주동선을 통한 상권분석의 기본기를 익히셨다면, 이 책 《대한민국 상가투자 지도》를 통해서는 한 차원 높은 수준의 상권분석을 하실 수 있습니다. 가령 같은 역세권 사거리라 해도 동선의 흐름에 따라 매출은 천지차이가 나지요. 책을 보며 관심 있는 상권에 대해 알아보셨다면 실제로 현장에 나가 체크해보고 현장 수업에도 참여해보시면 좋을 것 같습니다. 저는 김종율 아카데미에 다닐 때 강남역 1번 출구라는 아주 좋은 위치의 쾌적한 환경에서 공부할 수 있어서 참 좋았습니다.

최근 부동산 정책들로 인해 주거 상품에 대한 투자에 많은 제약이 생겼습니다. 이미 주거 상품을 통해 이익 실현을 한 초기 투자자들도 많이 계실 테고요. 이 유동성을 어떻게 해야 할지, 앞으로 어떤 투자를 해야 할지 고민이 많으실 것으로 압니다. 그 고민을 혼자 안고 계시지 말고 전문가와 함께하시기를 바랍니다. 김종율 대표는 전문가가 인정하는 전문가입니다.

이 책을 읽는 여러분 모두 부디 안정적인 월세를 받을 수 있는, 현금 흐름이 원활하게 창출되는 상가를 소유하게 되시기를 바라며 글을 마칩니다.

추천의 글

상가투자 앞에서 막막한 당신에게

붇옹산 (네이버 카페 '부동산스터디' 운영자)

부동산 수익은 불로소득이 아니라 피나는 노력의 대가

지난 수년간 부동산 규제 대책들이 끊임없이 나오고 있습니다. 너무나 복잡해진 부동산 규제들 속에서 세무사는 양도소득세 수임을 포기하는 사례들이 나오고 있고, 앞으론 복잡해진 취득세 관련 규정으로 인해 어려운 취득세 수임은 거부하는 '취포' 법무사도 나올지 모르겠습니다.

정부는 복잡하게 꼬이고 꼬여 있는 여러 가지 겹규제들을 통해 부동산투자 수요를 억제하려고 하지만 이 열기가 쉬이 가실 것 같아 보이지는 않습니다. 왜냐하면 '나도 남들처럼 부동산 재테크를 통해 돈을 벌고 싶다' '나도 부자가 되고 싶다'라는 욕망은 쉽게 꺾을 수 없기 때문입니다.

지금의 부동산 규제의 근간에는 '부동산으로 인한 불로소득은 인정할 수 없다'라는 정책 입안자들의 인식이 깔려 있는 것으로 보입니다. 그러나 저는 이러한 의견에 동의하지 않습니다. 부동산은 자본주의의 근간을 이루는 중요한 재화 중 하나이며, 엄연히 투자의 대상이 될 수 있다고 생각합니다.

부동산투자 성공은 불로소득이 아니라 시간과 위험 그리고 기회비용의 대가이며, 부동산투자 의사결정을 하기 위해서 얼마나 많이 경험하고 공부하며 인내해야 하는지, 부동산 시장을 오래 보아온 경험 많은 투자자 분들이라면 더 크게 느낄 것이라 생각합니다. 특히 상가투자를 좀 해보신 분이라면 또는 검토 중인 분이시라면 부동산으로 얻은 소득은 불로소득이라는 소리를 쉽게 못하실 거라 생각합니다. 그만큼 어려운 분야가 상가투자이기 때문입니다.

안 팔리는 상가 매물을 팔기 위해 상가 주소와 전화번호가 적힌 명함을 들고 부동산중개소를 돌면서, 중개수수료는 많이 드릴 테니 제발 좀 팔아달라고 하소연하는 매도 의뢰자를 본 적이 있습니다. 그렇게 수백 곳에 뿌리고 다니다 보니 명함까지 만들었던 것이지요.

입주한 지 8년이 지났지만 아직 바닥에 마감 인테리어 공사도 하지 않은 상가를 가서 보고 경악했던 적도 있습니다. 그런 상가에 '모태 공실'이라는 별칭이 따로 있을 정도로 빈번히 일어나는 일이라는 것에 또 한 번 놀랐고요.

수년 전만 하더라도 가장 '힙'한 관광 상권의 원조이자 대명사 격이었던 '~길'의 원조 경리단길이 뜨고 지는 모습을 보면서, 사람들이 돈을 싸들고 다니면서 물건 좀 팔아달라고 외치다가 어느 순간 이후 쳐다보지도 않는 모습을 보면서, 자본주의의 비정함 아니 상가투자의 어려움을 다시금 되새기기도 했지요.

수년 전 한 택지지구에서 여러 고객에게 상가를 분양받도록 권유하며 성공적인 투자와 책임 임차 등을 보장했던 중개업자가 있었습니다. 그러나 공실이 길게 이어지면서 그는 고객들에게 시달렸고, 결국 스스로 목숨을 끊었다는 이야기도 들었습니다.

상가투자의 교과서이자 참고서

사람들은 불확실한 미래를 두려워합니다. 노후의 안정적인 소득 구조, 현금 흐름을 만들기 위해 수익형 부동산 투자에 대한 동경을 가지고 있습니다. 때문에 주택투자로 성공을 했든, 주식투자로 성공을 했든, 아니면 꼬박꼬박 돈을 아끼고 잘 모아서 목돈을 마련했든, '노후에는 편안하게 월세 받으면서 살아야지' 하는 생각으로 상가투자에 대해서 한 번쯤은 고민들을 해보았을 것입니다. 아직까지는 안 해봤더라도 아마 여유가 생긴다면 반드시 하게 되실 것이라 생각합니다. 하지만 막상 어떻게 상가투자 공부를 시작해야 할지 막막하실 것입니다.

많은 이들이 상가투자 전문가를 자처하지만, 그 이야기를 듣고 있노라면 어디선가 들어본 그럴싸한 이야기 정도이거나, 실전 상가투자에 써먹기 애매한 이야기인 경우가 많습니다. '1층 상가를 사야 한다'거나 '역세권 상가가 좋다' 같은 말은 '사람은 착하게 살아야 한다' 식의 도덕책 같은 투자 지침이지요.

김종율 아카데미 원장은 상가투자에 접근하는 방식의 패러다임을 바꿔놓은 이 분야의 진짜 전문가입니다. 그는 상가 매물의 가치를 매도인 혹은 중개업자가 제시하는 '호가'를 기준으로 저렴한지 비싼지 수동적으로 판단하게 하지 않습니다.

해당 상가 매물에 어떤 업종을 임대하는 것이 적합할지, 그리고 그 업종은 그 위치와 그 면적의 상가에서 얼마의 매출을 낼 수 있을지, 이를 토대로 얼마의 임차료를 부담할 수 있을지를 추정하는 훈련을 통해 해당 상가의 적정 가치를 판단하고 그 가치를 기준으로 매물의 가격이 저렴한지 비싼지, 사야 할지 버려야 할지 판단하는 눈을 길러주는 선생님입니다.

김종율 선생님이 이전에 집필한 책《나는 집 대신 상가에 투자한다》를 통해 상권, 그리고 그 상권 안에서 매물을 보는 기초를 제시했다면, 이번 책은 심화 편입니다. 아예 이 분야 전문가의 입장에서 제자 분들과 함께 서울 주요지역 상권의 위치별 매출을 정리했습니다. 여러분 앞에 수많은 공부거리를 던져놓았습니다.

사실 저는 김종율 선생님께 이 책의 추천사를 부탁받고 일독하였으나 '이건 내가 한 번 슬쩍 읽고 나서 이해할 수 있는 책이 아니구나' 하는 생각이 들었습니다. 이 책에 제시된 상권별·사례별 예상 매출액들이 왜 이 정도 선일지, 왜 어느 위치가 더 낫고 왜 이러한 차이가 발생하는지는 슬쩍 한 번 읽는다고 이해할 수 있는 부분이 아닙니다. 제시된 사례를 놓고 '왜 그럴까?' 스스로 생각해보는 과정을 반복하면서 공부해야 하는 책입니다.

이 책에는 우리가 아무리 현장의 부동산중개소를 돌아다녀도, 다른 상가 전문 선생님의 강의를 들어도 알 수 없을 귀한 자료들이 녹아 있습니다. 유흥 상권 내의 편의점과 주거지역 편의점의 매출액 차이, 원룸이 많은 지역과 아파트단지가 많은 지역의 편의점 매출액 차이 등을 어디서 배워 알 수 있겠습니까?

어쩌면 이 책은 누군가에게는 너무나 어렵고 딱딱한 매출 정답의 나열이 될 수도 있겠습니다. 하지만 우리가 학교 다닐 때 정답지를 보아가며 문제집을 풀었듯이, 참고해가면서 이 책에 담긴 개별 상권의 사례들을 하나하나 되짚어 스터디를 해나간다면 그 어디에서도 배우지 못할 귀한 상가투자 교과서이자 참고서가 되어줄 것입니다.

상가투자자로서 한 단계 업그레이드하고 싶으신 여러분의 안목을 높여드릴 귀한 책이 될 것이라 자신합니다.

진실은 디테일에 숨어 있습니다

홍춘욱(이코노미스트, EAR리서치 대표)

친애하는 김종율 작가의 신작《대한민국 상가투자 지도》의 추천사를 쓸 수 있게 되어 매우 기쁩니다. 책 내용이 워낙 좋기도 했지만, 추천사를 쓰기 위해 김종율 작가에게 초고를 부탁해 읽다 20여 년 전 일이 생생하게 떠올랐기 때문이죠.

27년 전 저는 모 경제연구소에서 직장생활을 처음 시작한 다음, 1996년 여의도에 있는 증권사에 경력직으로 채용되어 본격적인 대기업 직장인의 삶을 시작했습니다. 그런데 지금껏 연락이 닿는 입사 동기(혹은 선후배)는 고작해야 서너 명에 불과합니다.

왜 이런 일이 벌어졌을까요?

여러 요인이 있지만, 결국 1997년 외환위기 탓이었습니다. 한보와 삼미, 그리고 기아 등 한국을 대표하던 굵직굵직한 그룹들이 연쇄적으로 무너지는 가운데 회사원의 삶이 그렇게 호락호락하지 않았던 셈입니다. 그때 수많은 퇴직자들에게 꿈의 직업은 '프랜차이즈 가맹점 사장'이었습니다. "롯데리아 하나만

가지고 있어도 내 삶이 얼마나 안락하고 안정적일까"라고 말하는 지인들이 명예퇴직자 환송 회식 자리에서 넘쳐났습니다.

그러나 김종율 작가의 책을 읽으면서 세상이 바뀐 것을 새삼 느끼게 됩니다. 얼마나 가맹점이 많은지, 그리고 또 가맹점마다 얼마나 매출이 천차만별인지에 대해 새삼 알게 되었거든요. 특히 가맹점을 인수하는 과정에서 사기를 당한 분의 사례는 저도 등골이 서늘했습니다. 더 나아가 김종율 작가가 "그럴 때에는 매입 자료를 보자고 이야기하라"는 대안을 제시할 때에는 통쾌함을 느낄수 있었습니다.

세상은 넓고 고수는 많다는 것. 이 이야기는 절대 과장이 아니더군요. 우연하게 부동산 업계 분들을 만난 덕분에 김종율 작가와 인연을 맺게 된 게, 저에게는 큰 전환점이 됐습니다.

물론 저는 이미 창업해 열심히 전업 작가이자 강사로 살아가고 있습니다만, 주변에 창업을 고민하는 지인들에게 꼭 김종율 작가의 책,《대한민국 상가투자 지도》를 권할 것 같습니다. 그 옛날 롯데리아 가맹점주를 꿈꿨던 제 직장 동료들이 보면 더 좋을 것 같고요. 세상은 늘 변하며, 진실은 항상 디테일에 숨어 있다는 것을 알게 될 테니까 말입니다.

오늘 저녁에는 하남돼지집에 가서 매출을 추정해보고, 돌아오는 길에는 배스킨라빈스에서 아르바이트생을 얼마나 쓰고 있는지 살펴봐야겠습니다.

생생한 노하우를 아낌없이 베풀어주신 김종율 작가에게 감사하다는 말씀을 드리며, 저는 이만 글을 마감할까 합니다. 부디 많은 분들이 좋은 책을 통해 창업(그리고 가맹점)의 진실을 파악하고 또 능력을 함양할 수 있기를 희망해 봅니다.

불황에도 살아남는 상가는 따로 있다

⊛ 자료 준비 4년, 투입 인원 70명!

김종율 아카데미 회원들과 술자리를 하면서 동탄신도시의 프랜차이즈 매출을 조사해 그것으로 입지분석을 해보면 좋겠다는 이야기를 한 적이 있다. 우리가 힘을 합쳐 가맹 상담도 받고 경영주 인터뷰도 하고 주변 탐문도 한다면 웬만한 프랜차이즈 매출은 알아낼 수 있을 것 같았다. 그 자료를 토대로 입지분석을 하고 상가의 가치를 평가한다면(요식업종의 경우 월 매출의 10% 정도를 적당한 월세로 간주하니) 정말 제대로 된 상권분석 공부가 되리라고 여겼다. 그게 2016년 7월 어느 날의 이야기다.

그렇게 4년이 흘렀고 나는 주기적으로 70여 명의 회원을 선발하여 온갖 프랜차이즈를 조사해왔다. 모든 방법을 동원해서 매출을 알아내려 노력했다. 누구나 쉽게 하는 "저 집 장사 잘돼"라는 말은 가십거리에 불과하다. 그게 아니라 그 집이 얼마를 팔고 그 입지가 월세를 얼마나 낼 수 있는 자리인지, 거기까지 알아내고 싶었다.

결국 우리는 이 책에 다 담을 수 없을 만큼의 방대한 양을 조사하기에 이르렀다. 몇 개의 역세권 상가 매출 자료만으로도 책 반 권이 나오니 조사해놓은 자료 중 상당수는 버려야 다양한 역세권, 다양한 브랜드의 매출을 이야기할 수 있게 된 것이다.

지역별로 또 브랜드별로 프랜차이즈 조사를 여간 많이 한 게 아니다. 프랜차이즈 가맹 상담을 받아보면서 본사의 속 이야기도 알게 되었다.

이 위대한 책은 나 혼자의 노력으로 만들어진 것이 아니다. 이순신 장군님에게 12척의 배가 있었다면 나에겐 70명의 옥보단(옥탑방 보보스 단원)이 있었다. 책에 기술된 모든 내용은 그들의 땀과 정성이다. 나는 단지 그 내용을 글로 다시 풀어낸 것뿐이다.

함께 노력하고 혼자의 이름으로 책을 내는 것이 마음이 편치 않을 정도다. 그러니 독자 여러분은 이 책이 정말 긴 시간, 정말 많은 사람들이 노력한 결실이라는 것을 알아주시길 바라는 마음이다.

집필을 하는 나도 여간 힘든 게 아니었다. 힘들게 조사를 해서 원고를 좀 쓸까 하면 보완하고 싶은 것이 한 무더기가 나왔다. 이를테면 프랜차이즈 A점에 대해 설명하자니 그 옆의 B점에 대해서도 언급해야 비교가 되는 것이다. 아리따움 안암점을 비롯해 많은 점포에 대해 조사했더니 점포가 이전해버린 경우도 있다.

그러다 보니 집필만 1년이 걸렸다. 조사를 하던 시점에는 분명히 있던 점포가 집필을 할 때는 없어진 경우도 있고, 원고를 다 써놓았는데 폐점했다는 소

식도 들려왔다. 그러다 보니 집필 속도는 그 전의 어떤 책보다 느렸다. 그러는 동안 부처님과 예수님 같던 편집자는 어느새 앙칼진 시누이가 되어 있었다. 이러다가는 책이 나오는 것보다 아베 총리가 "오~필승 코리아!"를 외치는 게 빠르겠다 싶어 원고를 써놓은 후 변화가 생긴 내용은 손을 대지 않았다. 정말이지 눈이 계속 오는데 눈을 치우는 심정이었다. 그러니 독자 여러분께서는 혹시 폐점한 점포에 대해 기술한 내용이 있거든 '폐점 전에는 매출이 얼마였고 입지는 어떠했는데 결국 문을 닫았구나' 하고 이해해주시면 감사하겠다.

✦ 최고의 상권분석 스킬을 전해주마!

유통회사에 다니던 시절, 처음 점포개발을 할 때 깜짝 놀란 점이 하나 있다면 조사할 내용이 방대하다는 것이다. 아침 8시부터 현장에 나가 다음 날 새벽 2시까지 작업을 해야 한다. 시간대별 유동인구 체크는 물론, 경쟁점과 경쟁 동선에 대한 조사도 해야 한다. 건물에 든 세입자들 인터뷰와 근무인 수까지 다 세어야 한다. 그다음 그리드(중요한 용어는 아니니 모르면 넘기자)별로 사람들을 쫓아가며 후보점에 대한 통과율도 구해야 한다. 이외에도 조사할 내용이 한가득이다. 그렇게 조사한 내용을 사무실에 출근해 엑셀시트에 입력하고 프로그램을 돌려 예상 매출을 도출한다.

재밌는 건, 그렇게 많은 비용을 들여 구축한 매출 예측 프로그램도 오차가 컸다는 점이다. 컴퓨터가 사람과 바둑을 두어 이기기까지 긴 시간이 들었던 만큼 컴퓨터 프로그램으로 그 복잡한 매출 발생의 원리를 완벽히 예측하기까지는 더 많은 시간이 필요한 게 아닐까 생각한다.

그런데 내 점포개발 경력이 10년을 넘기기 시작하니 예상 매출이 크게 틀리지 않았다. 조사하는 데 들이는 시간은 처음 매뉴얼대로 하던 때의 절반의 절반도 안 됐는데 말이다. 입지별로 매출이 일어나는 핵심 요소가 다르기에 그것만 제대로 해놓으니 오차가 거의 생기지 않았던 것이다. 그렇게 되기까지는 정말 다양한 입지의 상가를 본 날들이 있었다.

바로 그것을 세상에 내놓고 싶었다. 소수의 특정 입지, 특정 프랜차이즈에 대해 치밀한 상권분석을 하고 매출을 추정하기보다는 다수의 다양한 입지, 다양한 프랜차이즈 지점의 매출을 알려드리고 싶었다. 이른바 깊이 알기보다는 넓게 알게 해드리고 싶었다. 이곳, 저곳, 요곳, 조곳의 편의점, 화장품점, 커피전문점, 베이커리, 삼겹살집, 치킨집 등의 매출을 알아가다 보면 내가 임대를 주려는 자리, 내가 창업을 하려는 자리에서 얼마나 매출이 나올지도 쉽게 가늠할 수 있기 때문이다. 그렇게 되면 임대인도 적정한 임대료 수준을 파악하게 되고 창업자도 실수를 줄일 수 있게 된다. 그것이 바로 최고의 상권분석 스킬임을 나는 믿어 의심치 않는다.

최고의 음식은 최고의 재료에서 시작된다고 한다. 이 책이 접시에 담긴 음식이라면 책에 담긴 수백 개 점포의 매출은 최고의 재료일 것이다. 각 꼭지마다 들어 있는 역세권 지도에 프랜차이즈 지점의 매출을 적어두면 상가투자나 창업을 하려 할 때마다 꺼내보는 치트 키가 될 것이다.

김종율

차례

○1부○ 이것이 상권분석의 정답지다

① 상권과 입지, 어느 쪽이 더 중요할까?

② 입지분석의 필수, 상가 매출

○2부○ 역세권 매출 지도

③ 낙성대역

④ 서울대입구역

연신내역 ○○○커피:
일 매출 300만 원

쌍문역 ○○치킨:
일 매출 130만 원

노원역 ○○아이스크림:
일 매출 230만 원

불광역 ○○○햄버거:
일 매출 180만 원

홍대입구역 ○○편의점:
일 매출 400만 원

안암역 ○○빵집:
일 매출 210만 원

서울대입구역 ○○반점:
일 매출 350만 원

신림역 ○○화장품점:
일 매출 180만 원

낙성대역 ○○편의점:
일 매출 170만 원

천호역 ○○토스트:
일 매출 600만 원

1부

이것이
상권분석의
정답지다

상권과 입지,
어느 쪽이 더 중요할까?

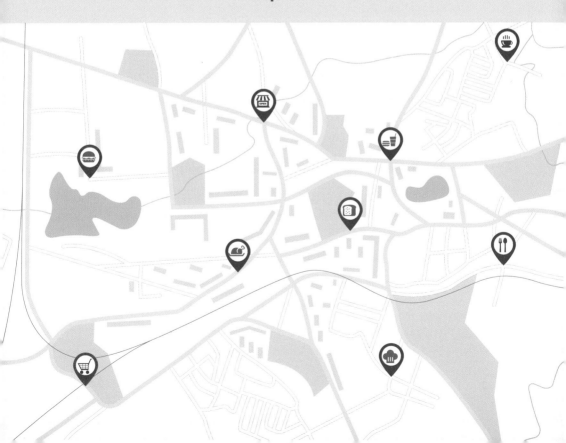

아무리 나쁜 상권에도
좋은 입지는 있다

이 책의 핵심은 매출 지도다. 어느 자리, 어느 프랜차이즈가 얼마쯤 파는지를 알려주는 책이다. 그런 점에서 나는 과감히 '정답지'라는 이름을 썼다. 하지만 정답부터 봐버리면 실력이 늘지 않는다. 그러니 상권분석을 어떻게 하는 것인지, 어느 자리에 창업을 하고 어떤 상가건물을 사야 하는지 기본 개념을 잡고 정답지를 보도록 하자. 그리고 좋은 입지에 대한 흔한 오해에 대해서도 짚어보도록 하자.

먼저 상권은 바운더리(boundary), 영역, 권역의 개념이다. '강남역 상권' '노원구 학원가 상권' 등으로 표현된다. 입지는 그 상권 내의 위치를 뜻한다. 즉 강남역 상권 내 '1번 출구 앞 코너 입지' 노원구 학원가 상권 내 '주동선상 입지' 등으로 표현된다.

그렇다면 상가투자나 창업을 할 때는 상권이 중요할까, 입지가 중요할까? 많은 초보들은, 가끔은 부동산투자 강사들마저 상권이 더 중요하다고 말한다.

내가 점포개발을 하던 때 일이다. 우리는 정기적으로 성공 사례와 실패 사례를 분석했다. 그런데 상권을 보고 투자한 사례에는 매출이 저조한 경우가 많았다. 그러나 입지가 좋은 곳은 모두 양호한 매출을 보였다. 설령 '썩은' 상권이라도 말이다.

그렇다면 왜 초보들은, 심지어 초보 부동산투자 강사들마저 상권을 더 중요하게 생각할까? 상권이 좋으면 임대가 쉽기 때문이다. 괜찮은 상권은 웬만하면 매출이 나온다. 하지만 상가투자나 창업에서 중요한 것은 매출이 아니라 수익이다.

이를테면 10억 원으로 우리나라에서 상권이 가장 좋은 강남역이나 명동역 근처에 상가를 사려 한다고 치자. 하지만 강남역이나 명동역에서 10억 원으로는 가장 나쁜 입지의 상가밖에 살 수 없다. 그 자리에서 장사가 잘될까? 잘 안 된다.

반면 그 돈을 들고 수원 권선구의 어느 지역, 서울의 비인기 지역으로 가서 1등 입지를 산다면? 그 일대는 좋지 않지만 그 자리가 가장 좋은 곳이라면, 그 일대가 전부 공실이 나지 않는 한 그 자리는 '임대가 될 자리'다. 그렇다면 그 자리에서 장사하는 세입자는 장사가 잘될까?

최근 최저임금이 다락같이 오르면서 점포 창업을 하는 이들에겐 여건이 나빠 보인다. 하지만 그것은 2등, 3등 입지의 점포에 해당되는 얘기다. 이런 2등, 3등 입지의 점포가 문을 닫으면 그 반사이익을 누리는 자리가 바로 1등 입지다.

구체적인 사례로 들어가보자. 객관적인 설명을 위해 경매지로 설명을 해보고자 한다.

〈그림 1-1〉을 보자. 경매 정보지의 좌측 상단에는 이 물건의 사건 번호가 기

경매 2013타경26648

서울중앙지방법원 본원 1계(02-530-1820)

근린상가 토지·건물 일괄매각

매각기일 **2014.07.08 화(10:00)**

서울특별시 강남구 삼성동 140-3 외 4필지, 선릉대림아크로텔 1층 107호외4개호 전자지도 도로명주소검색

전용면적	259.39㎡ (78.5평)	소 유 자		감 정 가	4,551,000,000
대 지 권	84.89㎡ (25.7평)	채 무 자		최 저 가	(41%) 1,864,090,000
개시결정	2013-07-30 (임의경매)	채 권 자	국민은행의양수인 유에이치케이제 삼차유동화전문유한회사	보 증 금	(10%) 186,410,000

전체보기 ▼

오늘: 1 누적: 31 평균(2주) : 0

구분	입찰기일	최저매각가격	결과
1차	2013-12-10	4,551,000,000원	유찰
5차	**2014-07-08**	**1,864,090,000원**	

낙찰 2,800,000,000원 (61.52%)

(입찰3명,낙찰 제○○)
차순위금액 2,060,000,000원)

매각결정기일 2014.07.15 - 매각허가결정

재돼 있고 그 아래에 '근린상가'로 표시돼 있어 상가가 경매에 나왔음을 알려 준다. 그리고 그 아래의 주소를 보면 강남구 삼성동이고 1층 상가란다. 주소만 들어도 가슴이 두근거린다. 게다가 전용면적이 78.5평이란다. 이 정도 면적에 이 동네라면 주택도 40~50억 원은 될 텐데 1층 상가라니, 심장이 뛴다. 하지만 이런 설렘도 잠시, 투자하기 좋은 물건이 아니다.

〈그림 1-2〉를 보자. 더블 역세권인 선릉역은 대로변에 수많은 업무시설이 모여 있다. 아침이든 점심이든 저녁이든 정말 많은 사람들의 유동을 볼 수 있는 곳이다. 식당, 술집, 커피전문점 어느 한 곳 손님이 북적이지 않는 곳이 없다. "역시 선릉역 상권이다"라는 말이 나올 법하다.

하지만 입지를 살펴보자. 이 지역에서 저 자리가 몇 등이나 하게 생겼나? 대로변의 업무시설에서 일하는 사람들이 해당 상권을 먹여 살리는 주된 수요층 인데, 이들은 바로 뒤 라인의 식당, 술집, 커피전문점을 주로 이용한다.

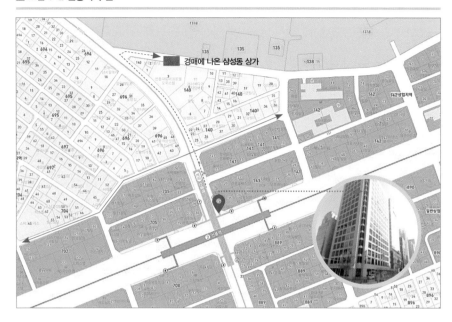

어느 동네든 다 그렇다. 대로변에 큰 유효수요가 있다면 대로변엔 임차료 지급 여력이 높은 업종, 즉 은행이나 화장품점 등의 판매점, 대형 프랜차이즈점이 입점하고 그 뒤로 '테이블 장사'를 하는 업종들이 좀 더 낮은 임차료를 보고 입점한다. 자연스레 먹자골목 상권이 형성되는 곳이 바로 이런 곳이다. 지도상 빨간색 실선 부분이다.

따라서 저 입지는 꼴등이다. 지역 내 상권을 먹여 살릴 수요층 입장에서는 가장 먼 곳에 있는 상가다. 게다가 동선도 한 번 꺾인다. 일부러 찾아가지 않는 한 발길이 닿지 않을 곳이다. 사실 저곳은 역세권이 아니라 선릉이라는 묘를 앞에 둔 묘세권이다! 입지가 나빠도 너무 나쁘다. 이런 상가는 투자도 창업도 모두 적합지 않다.

이 물건은 낙찰된 후 이화수육개장 프랜차이즈점이 입점했고 월 매출은 6,000만 원 정도, 월 임대료는 1,000만 원이었다. 경매가 아니었다면 28억 원보다 훨씬 높은 금액에 거래됐을 상가이니 임대료가 싸다고 생각할 수도 있다. 하지만 결코 그렇지 않다. 월 매출이 6,000만 원이라면 월세는 600만 원이 적당하기 때문이다. 그래야 보증금 외 인테리어 비용과 가맹비 등 3억 원가량을 투자한 이화수육개장 사장님도 적당한 수입(약 800만~1,000만 원)이 생긴다.

육개장처럼 대중적이고 유행을 타지 않는 업종이 이 정도 매출에 그쳤다는 것은 의미가 있다. 입지가 나쁜 탓이다.

이처럼 입지가 나쁜 자리(지역 내에서 꼴등)는 선릉역이라는 어마어마한 상권이어도 투자자나 창업자 모두에게 좋은 성과를 주지 못한다. 좋은 상권은 가격이 비싸다. 그런데 입지가 나쁘면 그 비싼 가격에 걸맞은 임대료를 받지 못한다는 사실을 명심하자. 저 낙찰가 28억 원으로 비인기 상권의 1등 입지를 샀다면 어땠을까? 결과는 완전히 달라졌을 것이다.

유동인구에
현혹되지 마라

그렇다면 1등 입지는 어떻게 찾을 수 있을까? 딱 두 가지만 기억하면 된다. 해당 상권을 먹여 살릴 '유효수요' 그리고 그 유효수요의 '주동선'이다. 여기서 주의할 점은 주동선을 '유동인구가 많은 곳'으로 오해하면 안 된다는 것이다.

유동인구만 보고 창업했다 좋지 않은 결과를 냈던 이들을 더러 아는데, 그들은 다음과 같은 생각을 갖고 있었다.

> 유동인구 × 내점율(%) × 객단가 = 소매점 매출

틀렸다. 틀려도 완전히 틀렸다.

GS25 점포개발을 하던 때, 하루 유동인구가 500명이 채 안 되는 자리에서 하루 내점객을 400명으로 잡고 일 매출을 150만 원으로 예상한 곳이 있었다. 그때 가맹 상담을 진행했던 이가 두 명 있었다. 한 명은 전에 창업을 했다가 큰

실패를 했는데 가진 투자금이 적다며 이 돈으로 재기할 수 있도록 꼭 도와달라고 했다. 말과 행동에서 간절함이 느껴졌다. 그런데 그는 내 설명을 듣고 난 후 따지듯 말했다.

"아니, 지나가는 사람 다 들어와도 400명이 될까 말까 한 자리인데 이런 곳에서 편의점을 하란 말이오?"

다른 한 명은 유동인구가 아닌 유효수요를 보았다. 그는 유효수요의 주동선으로 잡을 수 있는 크기를 본 다음 가맹 계약을 체결했고, 5년 후 두 번째 가맹 계약 때는 그 상가를 구입한 뒤였다.

바로 〈그림 1-3〉의 물건이다. 사진 속 왼쪽에는 중급 규모의 모텔 4곳이 있고 오른쪽으로는 400여 세대의 오피스텔이 있다. 이 오피스텔의 중앙 출입구엔 경쟁점이 있으니 바로 옆 출입구를 이용하는 세대만 유효수요로 잡았다. 즉 숙박시설 200여 실과 오피스텔 약 150실을 주된 유효수요로 보는 입지다. 오피스텔 거주자도 숙박시설 이용객도 유동인구로 잡힐 사람은 몇 안 된다. 그러나 '좌숙박 우원룸'의 구조로 편의점 입지로는 더없이 좋은 곳 아닌가.

이곳 사람들이 편의점을 이용하려 할 때 어느 동선으로 갈 것이며 이 편의점이 그 동선상에 있느냐, 그리고 편의점을 이용하려 할 사람들의 규모가 어느 정도인가를 파악하는 것이 핵심이다. 그 주위를 몇 명이 지나가는가는 보고서를 작성하기 위해 체크하는 것일 뿐, 이 입지에서는 전혀 핵심적인 내용이 아니다.

훗날 이 가맹점주는 40평의 상가를 4억 3,000만 원에 매입했다. 그때 GS25 가맹본부에서 재계약을 하며 일시지원금 1억 원을 지급했다. 매출이 좋으니 그 정도는 지원이 가능했던 것이다. 나머지 3억 3,000만 원 중 3억 원은 외환은행

죽전지점(지점장 이석광)에서 대출을 해주었다. 이 역시 매출이 좋으니 쉽게 이 뤄졌다. 남은 3,000만 원은 이미 낸 보증금 3,000만 원이 있기에 상계 처리했 다. 취득세만 내고 상가를 매입했다고나 할까.

사실 취득세 부담도 없었다. 40평 상가 중 절반을 임대했기 때문이다. 잘되 는 편의점으로 알려지니 보증금 2,000만 원, 월 임대료 100만 원에 세입자를 구할 수 있었다. 이 2,000만 원으로 취득세 상당 부분을 해결했다. 대출금 3억 원에 대한 이자는 월세 100만 원으로 납부하면 된다. 3억 원의 대출이자 4%는 1,200만 원이니 한 달에 100만 원, 딱 떨어진다.

유동인구가 아니라 유효수요의 주동선을 믿고 편의점을 냈더니 5년 후 내 소유의 가게에서 장사를 하게 되었고, 이자는 옆 칸에서 받아 해결하면 되고, 장사가 잘되니 은행 문턱도 낮고, 가맹본부에서 지원도 해준다. 내 돈 한 푼 안 들이고 상가를 산 데다 사실상 이자도 부담하지 않는다. 게다가 바로 앞에 파출소가 버티고 있으니 강도는 근처에 얼씬도 하지 않는다. 이 사례가 부러우면 지금부터 하는 이야기를 주의 깊게 들어주시길 바란다.

참고로 이 점포는 하루 유동인구 500명, 내점객 400명 이상, 일 매출 200만 원이 훌쩍 넘는 초저가 우량 점포다.

이 사진 한 장으론 설명이 충분치 않지만 적어도 이에 대한 설명은 되었다고 본다. '유동인구 많아야 좋은 입지다'가 아니라는 것을.

핵심은
주동선이다

그럼 유동인구가 아니라 무엇이 중요할까? 바로 주동선이다. 그것도 유효수요의 주동선이다. 이 상권을 먹여 살릴 유효수요가 어디 있는지 파악하는 것이 먼저다. 그런 다음 그들이 주로 어느 길로 다니는지 파악해야 한다.

그렇다면 주동선은 어떻게 파악하는 것일까? 어려울 것 없다. 3~5개 정도의 경쟁 동선을 설정한 뒤 유동인구를 조사하여 그중 가장 사람이 많이 다니는 곳을 찾는다. 그것이 주동선이다.

〈그림 1-4〉를 보자. 지도상 빨간 동그라미로 표시한 자리의 물건이 경매로 나온 적이 있었다(경매 물건을 평가하기 위해서는 토지의 가치도 평가해야 하기 때문에 이 책의 내용과 맞지 않아 그 부분은 생략한다). 당시 내 수강생 중 꽤 실력이 좋은 한 명이 이 물건이 어떤지 물어왔다. 그는 감정평가사로 아내와 함께 상가투자와 토지투자 강의를 모두 수강했는데 성공 경험이 많았다. 그는 대로변도 아닌 골목길에 위치하고 사람은 좀 다니는 것 같으나 도로가 반듯하지 않아 분석이 쉽

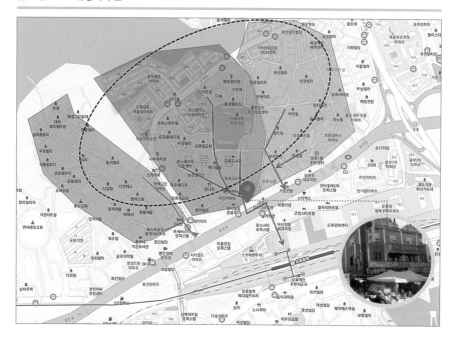

지 않다고 했다.

시중에 떠도는 식으로 분석하자면 이럴 수 있다. "건물 앞에 노점이 있다, 노점이 있다는 건 이 상권의 주동선이라는 뜻이다."(실제로 부동산투자 강사들은 노점이 있으면 상권이 좋은 곳이라고 말하곤 하는데, 얼마나 입지분석을 할 줄 모르면 그걸 분석이라고 하고 있을까?) 또 한편으로는 "재래시장이 있는 곳으로, 재래시장이 점점 장사가 안 되는 추세니 상권이 나빠질 곳이다"라고 분석할 수도 있다.

다 틀렸다. 입지분석은 유효수요와 주동선으로 하는 것이다. 해당 지역 상권을 먹여 살릴 유효수요는 누구인가? 남쪽에 지하철역이 있고 북쪽은 산으로 막혀 있으니 이 사이의 세대가 주된 유효수요일 것이다. 그렇다면 이들이 지하철역으로 향하는 동선을 3개쯤 그려보고 그중 가장 많이 다닐 동선을 골라내면 된다.

지도에 검은 점선으로 표시한 곳이 이 상권을 먹여 살린 주된 유효수요가 있는 곳이다. 이 입지와 비슷한 경쟁 동선을 그려보자면, 각각 빨간색과 초록색 실선으로 표시할 수 있다. 파란색 실선으로 표시한 곳이 물건지 앞이다. 세 가지 모두 검은 점선 안의 유효수요가 지하철역으로 향하는 동선이다.

이 중 도로가 가장 반듯한 곳은 빨간색 실선 부분이다. 차량 이동도 이쪽이 가장 많을 것이다. 그렇지만 이 상권을 이용하는 쪽이 보행자가 많을까, 차량이 많을까. 당연히 보행자일 것이다. 그렇다면 차가 다니기 좋게 반듯한 도로는 별 의미가 없다. 차량이 주된 유효수요가 아니기 때문이다.

그렇다면 보행자의 동선은? 지도상으로 분석해보자. 보행자들의 경우 빨간 동선을 이용할 사람들은 빨간색, 경매 물건이 있는 파란 동선을 이용할 사람은 파란색, 초록 동선을 이용할 사람들은 초록색으로 표시했다. 초록색보다 더 동쪽에서 유효수요가 제법 있으나 거리도 있고 구도심의 성격상 동선이 흩어질 것으로 여겨 포함시키지 않았다.

즉 파란색 동선이 가장 좋은 입지다. 이렇게 분석하는 것이 어렵거나 이에 대한 확신을 갖고 싶은 분이라면 현장에 나가 빨간색, 파란색, 초록색 동선에서 각각 10분씩 유동인구를 세어보면 된다. 가장 권장하는 시간은 저녁 7시. 웬만한 지역은 7~8시 사이에 소비가 가장 활발하기 때문이다.

이 상권에서 재밌는 게 또 하나 있다. 〈그림 1-5〉를 보자. 빨간 동선 쪽에서 지하철까지 이르는 거리를 재보면, 대로변으로 지나는 것보다 대로를 건너 2번 동선을 이용하는 것이 더 짧다. 주차장을 가로지르지 않고 둘러간다고 해도 20

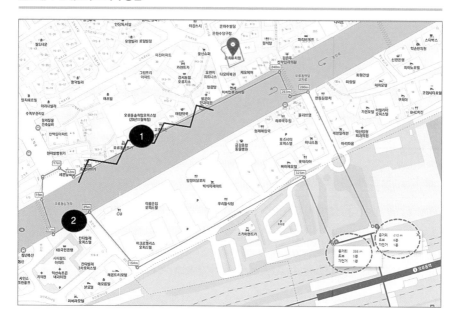

미터 이상 차이가 난다. 그렇다면 많은 사람들이 2번 동선으로 지하철을 이용할 것이다. 그러니 대로변이지만 1번 동선 중 검은색으로 표시한 꺾은선은 그리 좋은 입지가 아니다. 대로변 물건이다 보니 강점은 분명히 있지만, 보행자를 주된 유효수요로 삼는 업종이라면 대로변이라 상가 가격만 비싸고 장사는 잘되는 자리가 아닐 가능성이 매우 높다.

이것이 상권분석, 입지분석이다. 시중에 많고 많은 '오른손의 법칙' '퇴근길 상권' '계단이 있으면 나쁜 곳' 등의 한 줄짜리 명제로는 결코 제대로 분석할 수 없다. 점포개발을 하며 세 번이나 우수사원상을 수상한 베테랑이 알려주는 것이니 믿어도 된다.

간판발에
속지 마라

상가투자 강의를 하다 보면, 정말로 많은 이들이 '간판발'과 '접근성'만으로 상가를 평가하려 한다는 것을 느낀다. 둘 다 눈에 보기 좋은 곳을 뜻하는 말 아니겠나. 가령 신도시 신축 상가에 새 간판 달린 곳, 큰 상가건물의 코너, 아파트 단지 옆 상가 등은 어지간하면 좋아 보인다. 아주 잘못된 분석은 아닌데, 입지의 가치를 평가하기엔 모자라는 부분이 정말 많다. 유통회사의 점포개발 담당도 경력이 쌓이기 전까지는 흔히 이런 실수를 한다.

〈그림 1-6〉을 보자. 2008년의 로드 뷰로, 상가가 꽤 그럴싸해 보인다. 적어도 간판발로 보자면 그렇다. 오른쪽에는 아파트 단지도 있다. 하지만 로드 뷰로는 이 상권의 주된 유효수요가 어디인지, 그들의 주동선이 어디인지 판단할 수가 없다. 독자 여러분께선 입지분석 실력이 늘고 싶다면 절대로 로드 뷰부터 먼저 보면 안 된다는 사실을 명심해야 한다. 로드 뷰를 보는 순간 간판발의 함정에 당할 수 있으니 지도로 분석을 다 마친 다음 확인 차원에서 로드 뷰를 봐야 한다.

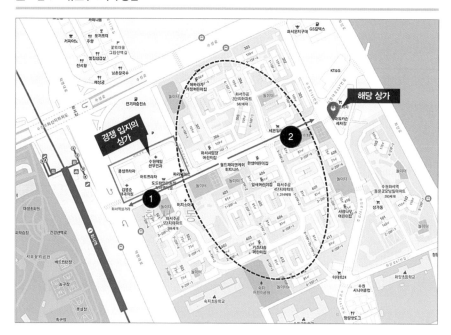

—— 1일 매출로 보는

분석은 다음과 같은 방법으로 하는 것이다. 〈그림 1-7〉을 보자. 검은 점선 안이 이 지역의 주된 유효수요다. 즉 이들이 주로 이용하러 가는 곳의 상가가 장사가 잘될 것이다. 투자든 창업이든 그쪽에 해야 한다. 지도를 보면 가운데 유효수요를 두고 정반대 방향에 각각 상가가 위치하고 있다. 두 군데 모두 어느 정도 장사가 되기보다 한쪽 상권만 활발할 가능성이 높다. 유효수요를 두고 정반대 방향 동선 2개의 유동인구가 똑같을 확률은 동전을 던지면 세워질 만큼이나 희박하기 때문이다. 그렇다면 이 지역 사람들은 지하철역으로 향하는 1번 동선으로 이동을 많이 할까, 산으로 향하는 2번 동선으로 이동을 많이 할까? 당연히 1번이다. 그러니 지도상 경쟁 입지의 상가가 장사가 더 잘될 것이다. 1번 동선상의 상가들 중에서도 동선을 더 세밀하게 따지면, 창업이나 투자를 해야 할 상가가 더욱 분명히 드러난다.

〈그림 1-8〉을 보면 노란 실선으로 표시한 동선으로 지하철을 이용할 것으로 예측된다. 횡단보도가 그쪽으로 나 있기 때문이다. 여기서 주의해야 할 점은, 빨간 원 앞엔 지하철역으로 넘어갈 횡단보도가 없다는 것이다. 그러다 보니 유효수요가 지하철을 이용할 때 노란색 꺾은선 쪽으로 갈 일이 없다. 그런데 분명한 것은, 대로변 입지이기에 안쪽 상가들보다 비싸게 분양했을 것이다. 투자든 창업이든 해봐야 비싼 돈값을 하지 못할 곳이다. 오히려 안쪽이지만 아파트 맞은편이며 주동선상에 위치한 곳, 하얀 실선 안이 좋은 입지다.

독자 여러분께 재밌는 사실 하나를 말씀드려볼까? 지금 여러분은 나와 함께 이 입지를 분석하면서 로드 뷰를 한 번도 보지 않았다는 것이다. 오직 지도, 그리고 혹시 오류가 있을지 모르니 스카이 뷰만 보고 분석했다. 상권분석, 입지분석은 이처럼 지도만으로도 충분히 할 수 있다.

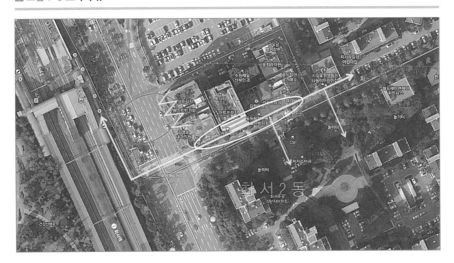

그렇다면 2008년의 로드 뷰로 봤던 곳은 어떻게 변했을까? 겨우 5년 후인 2013년 로드 뷰를 보자(그림 1-9). 간판은 거의 사라졌다. 대량 공실 사태를 보니 섬뜩하지 않은가. 간판발에 속아서, 눈에 보기 좋아서 투자를 했다가는 화를 입기 십상이다.

입지분석의 필수,
상가 매출

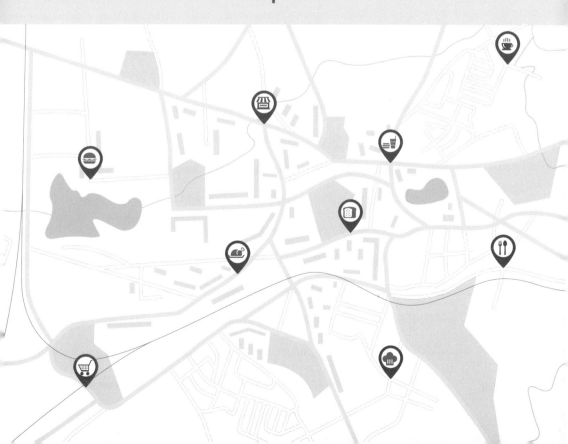

전문성 없는
전문가들의 세상

프랜차이즈 점포개발 담당으로 일하다 보면 그 업계의 실상이 그대로 보인다. 2002년 1월, 대학 졸업을 앞두고 편의점 업계로 발을 들인 내가 딱 그랬다. 24시간 화려하게 불을 밝힌 편의점, 24시간 내내 돈을 버니 떼돈을 버는 줄만 알았다. 가맹점주도 본부도 말이다.

그런데 막상 업계에 발을 들이고 보니 '도대체 이런 걸 누가 왜 창업하려 할까?' 하는 의문이 들었다. 한 달 내내 제대로 잠도 못 자면서 버는 돈이 생각보다 정말 적었기 때문이다. 그때 나는 한 1억 원쯤 들여 창업을 하면 자기 인건비 300만 원과 투자와 노동의 대가로 500만 원, 도합 800만 원은 벌어야 할 것으로 생각했다. 철부지 대학생이 뭘 알겠나. 딱 그만큼이었다.

그런데 더 가관인 것은 상가 분양사무실이었다. 그들도 나름 이 업계에서 시간을 보냈을 텐데 어찌된 일인지 월세 500만 원쯤은 아주 쉽게 생각했다. 편의점이 입점하면 하루 매출 150만 원이 될까 말까 한 자리로 월세 130만 원이면 딱 좋을 자리인데, 분양사무실에서 기대하는 건 500만 원 정도였다. 월세 500만 원을 기대하고 만들어져 분양가도 10억 원 이상으로 책정돼 있었다.

이야기를 넓히면 더 심각하다. 지식산업센터 1층 상가를 분양하면서 근거도 없이 예상 근무인 수를 뻥튀기를 해놓고, 테이크아웃 커피전문점이나 죠스떡볶이 등이 입점 예정인데 월세가 300만 원으로 맞춰져 있다는 소리를 한다.

지식산업센터는 연면적 기준으로 10평당 근무인이 거의 1명이다. 이는 점포개발 담당을 할 때 군포, 의왕, 수원 등지의 온갖 동종 건물을 일일이 내점조사해 알아낸 법칙이다. 따라서 연면적이 1만 평이라면 근무인은 1,000명이다. 이 1,000명이 마시는 커피 매출이 그 자리에서 발생할 수 있는 매출이다. 만약 커피 한 잔이 2,500원이고 하루 1,000명이 내점한다면 해당 건물의 커피 매출은 다음과 같이 예상할 수 있다.

$$2,500 \times 1,000 = 250만 원(평일 기준)$$

이를 경쟁 입지의 상가와 나눠 갖는다고 생각하면 오차가 적다. 커피전문점이 3군데 생긴다면 일 매출은 250 ÷ 3으로 83만 원이 된다. 지식산업센터에서 일하는 사람들이 한 달에 21일 근무한다면 월 매출은 2,000만 원 정도다. 물론 부가세는 제외해야 한다(대신 토요일 매출과 주변의 다른 곳에서 유입되는 매출을 계산에 넣는다). 점포 창업자 입장에서는 월세 200만 원이 적정하다.

상가는 전문가가 넘쳐나는 분야다. 가히 OECD 국가 중 가장 높은 비율로 자영업자를 가진 나라답다. 유튜브 채널이나 온갖 SNS를 보면 어떤 아이템으로 창업하면 돈을 얼마나 번다, 무슨무슨 커피전문점으로 운영 중인 상가가 경매에 나왔는데 이 물건을 낙찰받으면 돈을 벌 수 있다, 같은 소리가 넘쳐난다. 또 스타벅스 전문가는 어찌 그리 많은지. 하지만 투자금 내역이나 상세한 손익 분석을 내놓진 않는다. 스타벅스의 DT점(드라이브 스루 점) 매출과 CORE점(일반 로드 점) 매출이 대략 얼마인지에 대한 언급도 거의 없다. 딱 대학생 창업 동아리 수준이다.

그런 면에서 상가 분야에는 전문가가 정말 없다. 점포 창업 투자금이 얼마나 되고 하루에 얼마나 벌며 월세는 얼마가 적정한지 연구한 자료가 거의 없다. 건국대 부동산학과 석사와 박사 과정에서 배운 것이라면, '연구한 전례가 없다'는 정도다.

상가의 적정 가치는 시행사나 분양사에서 제시한 금액을 기준으로 평가되어선 안 된다. 점포 창업자가 영업을 해서 낼 수 있는 월세 수준을 기초로 가치가 평가돼야 한다. 그래야 시행사도 분양사도 제대로 된 기대치로 상가를 공급할 것이다. 또 그래야 상가를 분양받은 사람도, 그에게 임대를 얻어 창업을 한 사람도, 프랜차이즈 본부도 행복할 수 있다.

2부에서 나는 무수히 많은 프랜차이즈의 예상 매출을 내놓을 것이다. 그리고 2부로 넘어가기 전에 먼저 공부해야 할 것이 이번 장의 내용이다. 창업자는 얼마의 투자금이 필요하고, 매출에 따른 손익은 어느 정도이며 해당 입지의 실매출은 어느 수준인지 살펴볼 것이다. 가볍게 훑어보듯이 읽어도 좋으니 꼭 읽고 2부로 넘어가주시면 감사하겠다.

매출 자료보다
매입 자료를 요구하라

소매점 영업환경은 날로 악화되고 있다. 기업들의 채용 상황도 좋지 않기 때문에 더 많은 이들이 프랜차이즈 점포 창업을 통한 자영업 시장으로 뛰어들 수밖에 없는 상황이다. 그러다 보니 프랜차이즈 기업의 허황된 전망에 속아 준비되지 않은 채 사업을 벌이는 이가 수두룩하다. 그것이 이 책을 낸 가장 큰 이유다.

그래서 이번에는 기존의 프랜차이즈 점포를 인수할 때 꼭 알아야 할 사항에 대해 알려드리고자 한다. 초보라면 쉽게 당할 수 있는 내용이다. 실제 사례를 통해 말씀드리니 '설마 그런 사람이 있겠어?' 하고 지나치지 않으시기를 바라는 마음이다.

〈그림 2-1〉은 실제로 지역 부동산 정보를 교환하는 온라인 커뮤니티에 올라온 글이다. 과일주스 전문점 가맹점주가 점포 양도를 원한다고 글을 올렸다. 이 글을 보고 피해자는 연락을 취해 점포를 방문하고 매출을 확인했다. 매출 자료를 비롯한 여러 정보를 눈으로 확인하고 권리금 계약을 체결했다. 하지만 매입

○ **동탄 2신도시 분양 정보** ○

▤ **자유게시판**
커피·주스 전문점 양도양수

화성시 부근에서 매출 2위 프랜차이즈 커피·주스 전문점 양도양수하려고 합니다.
작년 봄에 한 달 최고 매출이 ○○○만 원 찍었던 매장이며 집사람이 운영했던 매장인데
급한 개인사정으로 저렴하게 매매합니다.
진짜 관심 있으신 분만 연락 주시면 자세한 내용을 알려드리겠습니다.

자료는 확인하지 않은 채였다.

그런데 막상 인수를 해보니 이상한 점이 한두 가지가 아니었다. 매출은 양도인이 커뮤니티에 올렸던 것의 1/3도 안 됐고 종전 직원들은 점포 양수도 직전에 모두 해고한 상태였다. 자신이 당했다는 사실을 직감한 피해자는 확보할 수 있는 모든 자료를 확보하고 유능한 변호사까지 선임해 형사 고소를 했지만 양도인에게는 결국 '혐의 없음'이라는 판결이 나왔다.

양도인은 처음부터 치밀하게 준비를 하여 권리금 계약 시 매출에 대한 언급을 일절 하지 않았다. 그러니 소송을 해봤자 종전의 매출은 단지 '참고할 정도'로만 여겼다고 한 것이 결정적이었다.

이후 양수인의 피해는 이루 말할 수가 없었다. 권리금은커녕 거저 준다고 해도 받지 않았어야 할 점포를 웃돈까지 주고 받았으니 말이다.

자, 그렇다면 이러한 피해를 당하지 않기 위해선 어떻게 해야 할까? 양수인이 매출 자료를 보려 할 것이라는 점은 양도인 측도 계산하고 있다. 그러니 몇

개월에서 길면 1년 정도의 POS 조작을 통해 매출을 속이는 건 비일비재한 일이다. 그러니 양수인은 매출 자료가 아니라 '매입 자료'를 반드시 요구해야 한다. 가령 베이커리라면 1년치 매입 자료를 요구하고, 그 매입 자료의 150% 정도를 매출로 보면 된다. 앞으로 소개할 여러 프랜차이즈 분석 자료를 통해 원가율을 파악하고 역산하면 되는 것이다.

예의 과일주스 전문점 매입 자료를 확인했더라면 어떻게 되었을까?

〈그림 2-2〉는 과일주스 전문점에 관한 여러 자료 중 하나다. 파란 선이 컵매입량(누적)이고, 빨간 선은 해당 컵을 사용하는 음료의 누적 매출량이다. 매출이 급격히 늘어나는 시점이 있는데 그때도 컵 주문량은 늘지 않더니 어느 순간 컵 재고량을 초과한 매출을 보이고 있다. 상식적으로 불가능한 일이다. 매입자료를 확인하지 않았기 때문에 이런 사실을 체크할 기회가 없었던 것이다.

많은 프랜차이즈 점포 양도인이 사기를 칠 때 손쉬운 매출 자료를 조작한다. 현금영수증 발행 없이 POS 버튼 몇 개만 누르면 되기 때문이다. 그러나 이들

⬇ 그림 2-2 **매출 & 매입 자료**

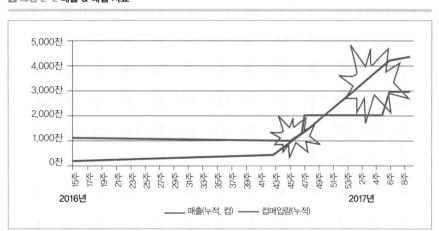

도 매입 자료까지 준비하긴 쉽지 않다. 그 많은 재고를 어디에 쌓아둔단 말인가? 특히 식품처럼 장기 보관이 힘든 업종은 더욱 그러하다.

내 장담하는데, 95% 정도는 매입 자료를 보자고만 해도 이러한 사기 피해로부터 자신을 보호할 수 있다. 만약 매출 자료를 보여줄 때는 매우 적극적이다가 매입 자료는 이런저런 구실을 대며 보여주길 꺼린다면 연락을 끊는 편이 낫다.

매입 자료를 확인하는 것 외에 본부 직원을 통하는 방법도 있다. 점포개발담당들은 대개 자신이 담당하는 지역의 매출을 알고 있다. 그러니 이들과 상담을 하여 매출을 물어보는 것이다. 일단 본부로 전화를 한다. 그리고 그 지역에 살고 있는데 해당 점포를 보면서 나도 인근에서 점포를 열고 싶은 욕구가 생겼다고 말한다. 그렇게 자연스럽게 상담을 받다가 "그 점포가 양도하겠다고 나왔던데, 매출은 어떤가요?"라고 물어보면 좋다.

양수 전에는 본부의 영업(또는 운영) 담당자를 만나 매출에 관한 사항을 문의해보는 것도 좋다. 다만 이 경우는 양도인이 소개해주어야 가능하기 때문에 쉽지는 않다.

계약서에 매출 자료를 첨부하고, 이를 토대로 계약했으며 이 매출 자료가 권리금을 측정하는 근거라고 명시하자고 요구하는 것도 계약을 확실히 하기 위한 한 방법이다. 이는 진솔한 양도인이라 해도 심리적 부담이 상당한 일이다. 실제로 많은 점포들이 조금씩이라도 매출을 높여서 양도하고자 하기 때문에 더욱 그러할 것이다.

그럼에도 방금 소개한 여러 방법을 적절히 섞어서 대응한다면 이 사례 속의 피해자와 같은 신세는 되지 않을 것이다.

망하는 입지
vs
성공하는 입지

가맹점 수, 본부의 업력, 예비 창업자의 희망 업종 등을 고려하면 우리가 가장 알고 싶어 하는 프랜차이즈는 편의점, 베이커리, 커피전문점, 아이스크림점 정도가 아닐까 한다. 이번에는 수많은 가맹점 본사에서 상담을 받은 자료를 토대로 이야기를 할 텐데, 그중에서 편의점을 비롯한 주요 5개 프랜차이즈의 가맹 조건부터 살펴보기로 하자.

가맹 조건은 브랜드와 시기마다 조금씩 차이가 있으니 이 점을 참고해 봐주시길 바란다.

GS25, CU, 미니스톱 등 대부분의 편의점 브랜드는 인테리어와 시설, 집기 등을 본부에서 지원하기 때문에 상품대와 가맹비, 가맹 보증금만 있으면 창업을 할 수 있다. 점포를 얻는 비용(보증금, 권리금) 외에 2,220만 원(브랜드마다 약간의 차이는 있으나 100만 원 전후다)이면 편의점 경영주가 될 수 있는 것이다. 〈표 2-1〉에 프랜차이즈별 투자 비용을 정리했으니 참고하면 된다.

항목	GS25	배스킨라빈스	파리바게뜨	투썸플레이스 등 대형 커피점	이디야커피
인테리어	본사 100% 무상 지원	약 6,000만 원	약 240만 원 (평당)	약 250만 원 (40평 기준)	약 225만 원 (평당 / 보통 15평)
시설 및 집기	본사 100% 무상 지원	약 7,500만 원 (간판, 가구 포함)	약 6,000만 원	약 1억 3,200만 원	약 4,900만 원
보증금	200만 원	800만 원	1,000만~ 2,000만 원	500만 원	1,000만 원
가맹비 및 교육비	700만 원 (부가세 70만 원 별도)	500만 원	950만 원	2,000만 원	700만 원
개점준비비 (상품 포함)	1,250만 원	약 1억 4,000만 ~ 1억 5,500만 원	1,350만 원	1,050만 원	-
총 투자 비용	임차 비용 + 2,220만 원	임차 비용 + 약 1억 5,000만 원	임차 비용 + 약 1억 8,000만 원	임차 비용 + 2억 4,000만 원 이상	임차 비용 + 약 5,550만 원

그러나 이면에는 막대한 책임도 따른다. 순수 가맹의 경우 의무 가맹 기간이 5년이다. 이 기간 내에 영업이 안 돼 폐점을 하려면 인테리어와 시설·집기의 잔존 가치를 부담해야 한다. 매출에 따른 위약금도 있다. 편의점은 영업이익의 30% 정도를 본부가 가져간다. 이에 대한 대가로 상품과 영업력 등 유·무상의 서비스를 제공하는 것이다.

실제 점포의 손익을 분석해보자. 〈그림 2-3〉은 내가 점포개발 담당을 하며 오픈했던 편의점 사진이다. 빨간 네모로 표시한 부분이 후보점이었는데 온 동네가 공실이었고 도무지 편의점의 입지로 적합해 보이지 않았다. 팀장도 편의

점 자리로 부적합하다며 출점 미팅 당시 반려를 했던 곳이기도 하다. 점포개발 업무를 해보지 않은 채 영업팀장을 하다 점포개발팀장으로 왔으니 저렇게 휑한 자리가 좋아 보일 리 없었을 것이다. 반려를 당한 나는 재추진을 통해 겨우 팀장을 설득했고, 그런 우여곡절을 겪은 뒤 오픈한 점포가 GS25 동탄잎새점이다.

담당으로선 매출이 나오지 않을 경우 팀장의 반대를 무릅쓰고 강행했다는 부담이 있기 때문에 어지간한 자신감이 있지 않아선 추진을 꺼릴 수밖에 없다. 하지만 당시 나는 점포개발과 관련된 온갖 문제 해결에는 팀장보다 훨씬 뛰어난 경험과 안목을 갖고 있다고 믿었기에 그의 의견을 무시하고 강행하기에 이른 것이다.

〈그림 2-4〉를 보자. 검은 점선 안이 1차 상권이고, 빨간 실선은 동쪽 아파트 주민들의 자동차 동선이다. 이 점포는 주차하기 매우 용이한 위치로, 2차 상권

표 2-2 GS25 동탄잎새점의 매출과 이익

일 매출	300만 원
월 매출	9,000만 원
매익률	26%
총 이익	2,340만 원

그림 2-4 GS25 동탄잎새점의 유효수요

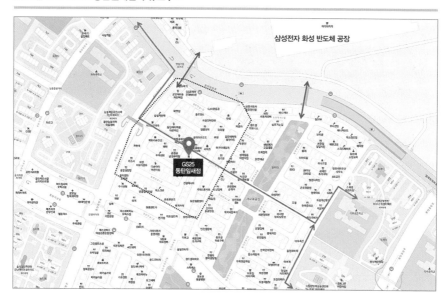

의 범위가 크다는 특징을 보인다. 게다가 북쪽의 삼성전자 화성 반도체 공장과도 가까워 직원들은 인근의 다가구주택에 많이 거주한다. 편의점에 매우 친화적인 시장환경이다.

그렇다면 매출은 얼마이고 이익은 얼마일까? 〈표 2-2〉는 실제 정산표를 토대로 한 정확한 자료다.

순수 가맹점 경영주

항목	수입	지출	비고
로열티 배분율	73%		
추가 지원	4%		부분장 전결로 4% 추가 지원
경영주 수입	18,018,000원		
인건비		4,800,000원	시간당 1만 원, 하루 16시간 계산, 풀타임 auto로 직원 채용 시 월 590만 원 (2019년 기준)
전기료		400,000원	과거보다 장비의 에너지 효율이 개선됨
세무기장료 및 기타		500,000원	
점주 수익	**12,318,000원**		임차료 차감 전, 점주 직접 운영 시

가맹본부

항목	수입	지출	비고
로열티 배분	27%		
본부 수입	6,318,000원		
인테리어 등 감가상각		666,667원	인테리어와 시설·집기 지원금 4,000만 원 추산
경영주 지원금		936,000원	매출이 좋은 점포일 경우 부분장 전결로 4% 지원
본부공통비와 기타		1,000,000원	
영업담당 인건비		500,000원	
본부공헌 EVA	**3,215,333원**		

이번에는 〈표 2-3〉을 보자. GS25 동탄잎새점은 월세를 차감하기 전의 점주 수익이 1,200만 원 정도일 것으로 추정한다. 그렇다면 월세는 얼마나 낼 수 있을까? 내가 점포개발을 하며 오픈할 당시는 보증금 2,000만 원에 월세 120만

원의 정말 싸디 싼 점포였지만 지금은 매출이 오른 만큼 임대료도 올랐을 것으로 본다. 참고로 GS25 동탄잎새점의 일 매출 300만 원은 편의점 일반 가맹점 중 상위 3% 이내 수준이다.

● 이 점포의 매출에 대해 더 알고 싶으면, 인터넷 포탈에서 '동탄잎새점 매출'을 검색하면 내 블로그에 자세한 분석 내용이 나온다. 유튜브에서도 확인할 수 있다. 블로그를 보시면 '이웃 추가'를, 유튜브를 보시면 '구독' '좋아요' 알람 설정까지 꼭 해주시길.

파리바게뜨와 배스킨라빈스의 수익은 얼마나 될까?

편의점 외의 프랜차이즈는 어떨까? SPC그룹에서 운영하는 파리바게뜨와 배스킨라빈스를 살펴보자. 지금처럼 카페형이 기본이 아니던 시절 파리바게뜨는 20평 규모에 점포 임차 비용을 제외하고 1.6억~1.8억 원 정도면 가맹점을 낼 수 있었다. 하지만 요즘은 카페형이 기본이라 매장 면적이 30평으로 늘어나고 집기와 인테리어 비용도 증가해 2억 원이 훌쩍 넘는다.

편의점의 경우 본부에서 인테리어와 집기 비용을 모두 부담하는 대신 가맹점주는 5년의 약정 기간 동안 영업을 유지하고 이익 일부를 로열티 명목으로 내야 한다. 이에 반해 파리바게뜨나 배스킨라빈스뿐 아니라 대부분의 프랜차이즈는 인테리어와 집기 비용도 치러야 개점할 수 있다.

그렇다면 점포 임차 비용(임차 보증금과 권리금을 합한 금액)을 제외하고도 1억 5,000만 원이 드는 배스킨라빈스의 수익은 어떨까? 임대인은 얼마의 월세를 받을 수 있을까? 지금부터 하나하나 따져보자.

⭐ 파리바게뜨 서현동점

〈그림 2-5〉의 지도를 보자. 파리바게뜨를 가운데 두고 주변 아파트 세대 수를 보니 7,000세대가 훌쩍 넘는다. 파리바게뜨가 경쟁 없이 이 많은 세대를 독점한다면 매출이 어마어마할 것이다. 그러나 소매점 영업환경이 그럴 리 있나. 지도에 표시하지 못한 경쟁점이 더러 있으니 그 점은 참고하면서 보자. 그저 지금의 매출과 그에 따른 손익만 분석해보자. 앞으로 수없이 많은 매출분석 자료가 나올 테니 이에 대한 공부를 뒤로 좀 미룬 채 말이다.

분당의 파리바게뜨 서현동점은 월 매출 7,500만 원으로 예상한다. 이에 따른 손익을 간단히 분석하면 〈표 2-4〉와 같다.

⬇ 그림 2-5 **파리바게뜨 서현동점의 유효수요**

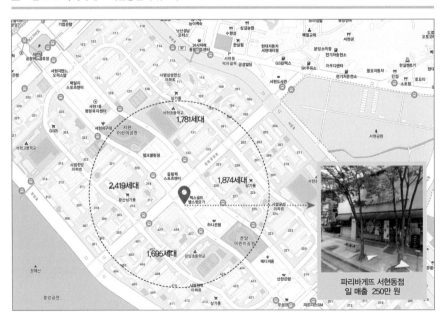

파리바게뜨 서현동점
일 매출 250만 원

표 2-4 **파리바게뜨 서현동점 예상 손익분석**

항목	수입	지출	비고
월 매출	75,000,000원		
물품대		45,000,000원	재료비 비중: 매출 대비 60%
인건비		11,250,000원	매출 대비 15%
제경비		2,625,000원	해피포인트, 카드 수수료, 소모품 등 3.5%
수광비, 전기료		1,200,000원	고정비
기타 비용			
임대료			임대료 부가세 포함
점주 수익	14,925,000원		임대료 차감 전, 점주 인건비 포함

보통 소모품비를 포함한 재료비가 60%, 제빵사를 포함한 인건비가 15% 지출되고 이외에 카드 수수료도 있다. 수도광열비는 월 100만 원에서 많으면 120만 원 정도 소요된다.

계산해보면 월 매출 7,500만 원, 일 매출 250만 원의 파리바게뜨 가맹점 영업이익은 월 1,500만 원가량이다. 여기서 월세와 관리비를 내고 남은 금액이 가맹점주의 수익으로, 월세와 관리비가 500만 원이라면 1,000만 원이 된다.

편의점을 제외한 모든 프랜차이즈 점포가 마찬가지일 텐데, 투자비에서 감가상각과 기회비용도 생각해야 한다. 만약 60개월간 정액으로 감가상각한다면 이 역시 상당한 금액이다. 약 1억 5,000만 원의 투자금을 60개월로 나누면 매달 250만 원의 상각액이 발생한다. 하지만 일반적으로 소매점의 손익을 이야기할 때는 감가상각까지 고려하지 않으므로 이후 손익분석에서는 감가상각 내용은 언급하지 않겠다.

⭐ 배스킨라빈스 분당장안타운점

그렇다면 동일한 SPC그룹의 배스킨라빈스는 어떨까? 배스킨라빈스는 자녀를 대학생 정도까지 키워낸 가정의 부인들이 선호하는 창업 브랜드 중 하나다. 파리바게뜨 같은 베이커리는 새벽부터 문을 열기도 하거니와 제빵사를 두고 직접 빵을 구워야 한다는 점이 창업 초보에겐 큰 두려움이기 때문이다. 이에 반해 배스킨라빈스는 정전이 되지 않는 한 상품이 상할 위험도 없고 남편 출근시키고 느지막이 문을 열어도 된다.

실제 사례를 보자. 〈그림 2-6〉의 사진은 배스킨라빈스 분당장안타운점으로, 파리바게뜨 서현동점과 가까운 위치다. 이 점포의 매출과 이익은 어느 정도일까?

배스킨라빈스는 소모품 포함 원가율이 40% 정도다. 로스(loss)가 거의 없는 업종으로 인건비와 광고선전비, 카드 수수료 등이 포함된 제경비, 전기요금을 빼면 비용으로 지출될 항목이 딱히 없다. 다만 피크 시간에는 판매사원 1~2명으로는 밀려드는 고객을 감당할 수 없다. 판매 방식이 손님이 물건을 골라 오는 편의점과 달리 주문한 아이스크림을 컵이나 콘에 담아 판매해야 하기 때문이다. 그러다 보니 근무 시간과 매출에 비해 인건비 비중이 높은 편이다. 김밥집처럼 김밥 마는 이모가 있는 것도 아니고 베이커리처럼 제빵사가 있는 것도 아닌데 말이다.

매출이 월 4,000만 원이라면 이런 경비를 제하고 수익은 1,600만 원 정도일 것이다. 여기서 월세와 관리비를 지급하고 남는 것이 가맹점주 손에 떨어지는 순수익이다.

⬛ 그림 2–6 배스킨라빈스 분당장안타운점 입지

배스킨라빈스 분당장안타운점
일 매출 130만 원

⬛ 표 2–5 배스킨라빈스 분당장안타운점 예상 손익분석

구분	수입	지출	비고
월 매출	40,000,000원		
물품대		16,000,000원	재료비 중: 매출 대비 40%(소모품 포함)
인건비		6,000,000원	매출 대비 15%
제경비		2,400,000원	광고선전비, 해피포인트, 카드 수수료 등 6%
수광비, 전기료		1,000,000원	고정비
기타 비용			
임대료			임대료 부가세 포함
점주 수익	14,600,000원		임대료 차감 전, 점주 인건비 포함

생각보다 매출이 적은
식음 프랜차이즈

이 책을 쓰면서 가장 어려웠던 부분이 소개할 프랜차이즈를 선정하는 일이었다. 그중에서도 술을 팔지 않는 식음 프랜차이즈가 단연 힘들었다. 일단 책을 쓰는 나의 입장에선 가맹점주가 좀 이익을 보는 점포라야 소개할 맛이 나지 않겠나. 점포 임차 비용을 포함해 2억 원가량 투자를 했는데 월세 지급 후 한 달에 300만 원도 못 버는 프랜차이즈가 수두룩했다.

사례를 들어볼까? 책에는 좋은 내용만 담아야 하니 제외시킬까 하는 마음도 컸지만 욕을 먹더라도 실체를 보여드리는 것이 이 책의 가치이고 내가 이 책을 내는 이유인 만큼 몇몇 브랜드, 몇몇 점포만 예를 들어보겠다.

〈그림 2-7〉의 본죽&비빔밥 cafe 광장동점(아…… 점포 이름도 어렵다)은 월 매출이 3,300만 원으로 월세 600만 원을 내고 나면 가맹점주의 순수익이 600만 원 정도였다. 여기에는 가맹점주 자신의 인건비가 포함돼 있다. 보증금을 포함한 투자금이 1억 9,000만 원 내외였음을 감안하면 투자금 대비 약 3%의 수익

■ 그림 2-7 **본죽&비빔밥 cafe 광장동점 입지**

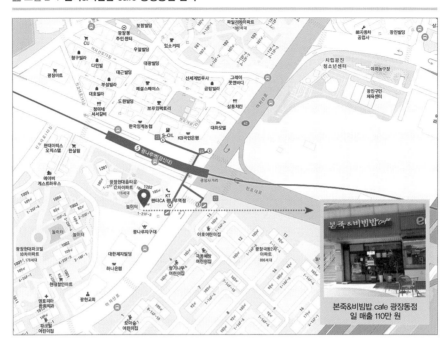

본죽&비빔밥 cafe 광장동점
일 매출 110만 원

■ 표 2-6 **본죽&비빔밥 cafe 광장동점 예상 손익분석**

항목	수입	지출	비고
월 매출	33,000,000원		
인건비		4,800,000원	1인당 120만 원씩 4명 채용
관리비		340,000원	평당 2만 원
물품대		13,200,000원	재료비 비중: 매출 대비 40%
기타 비용		2,000,000원	홍보비 20만 원, 연간 로열티 40만 원, 전기·수도 40만 원 포함 외
임대료		6,600,000원	임대료 부가세 포함
점주 수익	6,060,000원		임대료 차감, 점주 인건비 포함

을 내는 셈이다(표 2-6). 그런데 내가 하고 싶은 말은 이 점포가 본죽 프랜차이즈 중 영업이 꽤 잘되는 점포에 해당한다는 점이다.

거듭 말씀드리지만 이곳은 매우 잘되는 점포다. 이외에 광진구 내의 천호초교점, 아차산점 등은 매출이 광장동점의 절반 정도에 지나지 않는다. 동탄신도시 내의 점포도 비슷한 정도다.

이뿐만이 아니다. 요즘 폐점하는 점포만 보이고 오픈하는 점포는 왜 안 보이나 했던 떡볶이 프랜차이즈는 월 매출 2,000만 원을 넘는 점포가 거의 없었다. 감탄떡볶이의 경우 월 매출이 1,000만 원 정도인 점포가 정말 많은데 손익을 분석하면 〈표 2-7〉과 같다.

떡볶이 프랜차이즈는 인건비 지출이 적긴 하지만 매출이 이렇다 보니 월 수입이 200만 원을 조금 상회하는 정도인 곳도 정말 많다. 본부는 재료비가 매출 대비 38% 수준이라고 설명하지만 운영하다 보면 로스(loss)로 인해 더 늘어나게 마련이다. 이 손익분석표엔 폐기에 대한 내용도 전혀 없지 않은가.

이런 수준이라면 투자금은 저축을 하고 남의 가게에서 직원으로 일하는 편이 더 나을 수도 있다. 서울대입구역의 죠스떡볶이 봉천중앙점(그림 2-9) 역시 월 매출이 1,500만 원에 불과하다.

⬇ 그림 2-8 감탄떡볶이 홍은점 입지

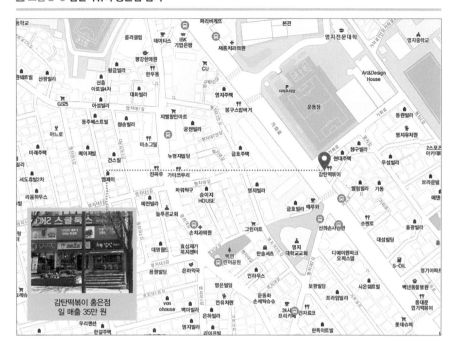

감탄떡볶이 홍은점
일 매출 35만 원

⬇ 표 2-7 감탄떡볶이 홍은점 예상 손익분석

항목	수입	지출	비고
월 매출	10,000,000원		
인건비		1,500,000원	매출 대비 15%
관리비			미파악
물품대		3,800,000원	재료비 비중: 매출 대비 38%
공과금		400,000원	매출의 4% 수준
임대료		1,300,000원	임대료는 점포개발 담당의 설명으로 정확하지 않을 수 있음
점주 수익	3,000,000원		임대료 차감, 점주 인건비 포함

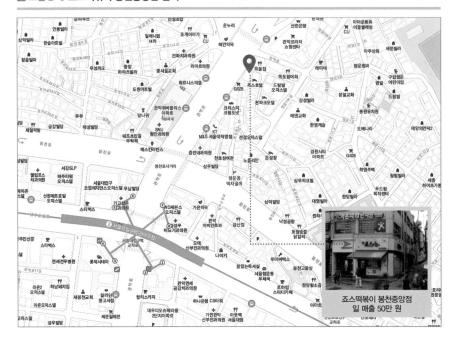

죠스떡볶이 봉천중앙점
일 매출 50만 원

김밥집과 떡볶이집의
결정적 차이

흔히들 김밥집이나 떡볶이집이나 분식집이라고 하는데 창업을 하려는 입장에 선 엄연히 다르다. 가장 큰 특징은 전체 비용에서 인건비가 차지하는 비중이다. 죠스떡볶이의 경우 떡볶이, 튀김, 순대, 어묵 등 주문이 들어오면 담아서 내 기만 하면 되는 것이 대부분이다. 주문 즉시 조리를 하는 것이 아니라 주문이 들어오면 조리되어 있던 상품을 손질하여 담아서 내기만 하면 된다. 반면 같은 회사의 김밥전문점 브랜드 바르다김선생은 주문이 들어오면 그때그때 다 조리 를 해야 한다. 김밥이건 덮밥이건 미리 만들어놓는 것이 하나도 없다.

게다가 김가네김밥의 경우는 메뉴가 정말 다양하다. 이 점이 장사를 하는 입 장에선 재고관리, 위생관리 등에서 좀 더 신경을 써야 할 부분이다. 물론 이용 하는 고객의 입장에선 메뉴가 많으니 더 자주 찾는 계기가 될 수 있다.

그렇다면 김밥집의 두 브랜드, 김가네김밥과 바르다김선생은 어떻게 다르고 또 이 둘은 국수나무와는 어떻게 다른지 살펴보자. 1,000호점을 훌쩍 넘어 점

항목	김가네김밥	바르다김선생	국수나무	맘스터치
인테리어	1,800만 원 (10평 기준)	3,450만 원 (15평 기준)	1,800만 원 (10평 기준)	3,750만 원 (평당 150만 원)
시설 및 집기	3,000만 원 (간판 500만 원 별도)	4,340만 원 (간판 950만 원 별도)	3,000만 원 (간판 500만 원 별도)	8,000만 원 (외부 파사드, 포스 포함)
보증금	200만 원 (만기 시 반환)	200만 원 (만기 시 반환)	200만 원 (만기 시 반환)	500만 원
가맹비 및 교육비	700만 원	1,000만 원	700만 원 (교육비 300만 원 별도)	100만 원 (교육 기타 무상)
개점준비비 (상품 포함)	별도	별도 외 600만 원 (오픈 기획비 등)	별도	별도
총 투자 비용	6,500만 원 내외	1억 1,000만 원 내외	6,500만 원 내외	1억 2,350만 원 내외

포 수로 롯데리아의 뒤를 바짝 쫓고 있는 맘스터치에 대해서도 알아보자.

★ 김가네김밥 내방역점

김가네김밥은 전용 15평 내외의 면적에 유효수요 3,000세대 이상(배후 인구 1만 명 이상)을 타깃으로 입점하는 브랜드다. 점포당 월 평균 매출이 3,500만 원 정도로 알려져 있는데 이 중 월세는 매출의 10%인 350만 원 정도를 평균치로 보고 있다.

김밥이라는 특성상 경기 변동의 영향을 적게 받고 오히려 불황일 때 강한 업종으로 꼽히기도 한다. 단, 김밥 마는 일이 고되어 직원 퇴직률이 높고 이로 인

그림 2-10 김가네김밥 내방역점 입지

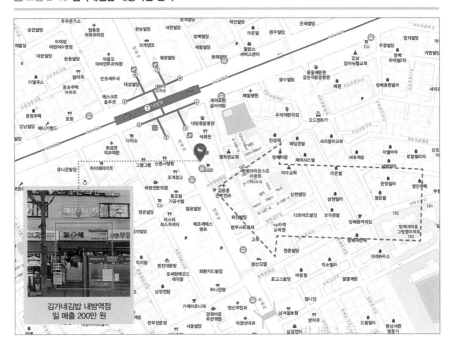

김가네김밥 내방역점
일 매출 200만 원

표 2-9 김가네김밥 내방역점 예상 손익분석

항목	수입	지출	비고
월 매출	54,000,000원		
인건비		11,880,000원	매출 대비 22%
관리비		300,000원	평당 2만 원
식자재		20,520,000원	재료비 비중: 매출 대비 38%
기타 비용		4,320,000원	매출 대비 8%(수광비, 로열티 등)
임대료			임대료 부가세 포함
점주 수익	16,980,000원		임대료 차감 전, 점주 인건비 포함

해 직원관리에 어려움이 있다는 것이 업계 평가다.

먼저 김가네김밥 내방역점을 보자. 〈그림 2-10〉을 보면 알 수 있듯이 내방역 동쪽의 유효수요 전부가 내방역으로 향하게 생겼다. 주거지역 동쪽은 산으로 막혀 있기 때문이다. 이런 입지는 유효수요가 적어 상권이 활성화되지 않은 느낌이 있다. 하지만 이런 입지는 유효수요에 대한 독점력이 강하다. 제대로 된 경쟁 동선이 없는, 그야말로 확실한 주동선의 입지다.

실제로 어떨지 김가네김밥 내방역점의 매출과 이익을 보자(표 2-9).

장사 좀 된다는 내방역점의 일 매출은 200만 원에 조금 못 미칠 것으로 본다. 한 달에 5,400만 원의 매출을 올려서 월세 차감 전 1,700만 원 정도의 수익을 낼 것으로 본다. 이는 가맹점주가 운영에 직접 참여하는 것을 가정해 만든 것으로, 점주의 노동 기여 정도, 인건비 추가 지출 정도에 따라 차이가 날 수 있다.

물론 김가네김밥 내방역점이 매출이 좋은 편인 것도 사실이지만, 앞서 언급한 감탄떡볶이나 죠스떡볶이 가맹점에선 찾을 수 없는 수익인 것도 분명하다.

⭐ 김가네김밥 이수역점

이번에는 이수역점을 살펴보자. 그 전에, 독자 여러분에게 하나 물어보자. 이수역 상권이 좋은가, 내방역 상권이 좋은가? 아마 두 지역을 자동차로라도 한 번 지나본 독자라면 누구든 이수역이라고 할 것이다. 부동산 가격도 물론 이수역이 훨씬 더 비싸다.

그러나 상가투자나 창업에서는 상권보다 입지가 중요하다. 그 지역이 좋아

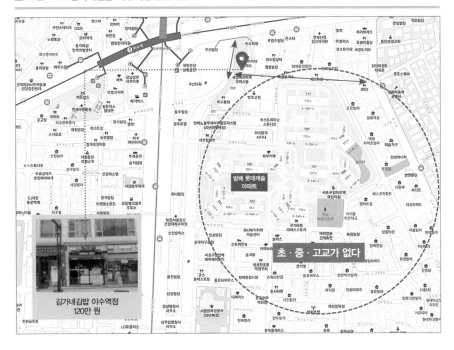

야 하는 게 아니라 지역 내에서 위치가 중요한 것이다.

〈그림 2-11〉을 보면서 김가네김밥 이수역점의 입지분석을 해보자. 일단 상권 내 초·중·고교가 전혀 없다. 그렇다면 유효수요 내에 초·중·고교 자녀를 둔 곳이 별로 없을 것이다. 상권 내 학원가도 거의 조성되지 않았을 것이다.

게다가 해당 입지의 주된 유효수요는 방배 롯데캐슬아파트를 포함한 주거지 사람들일 것이다. 그런데 지도에 파란 실선으로 표시한 것처럼 동선을 분석하면 실망스러운 결과가 나온다.

〈그림 2-12〉를 보자. 방배 롯데캐슬아파트는 앞 도로와 단차가 있고 담벼락이 있어 김가네김밥 이수역점으로 향하는 동선을 완전히 막고 있다. 김가네김

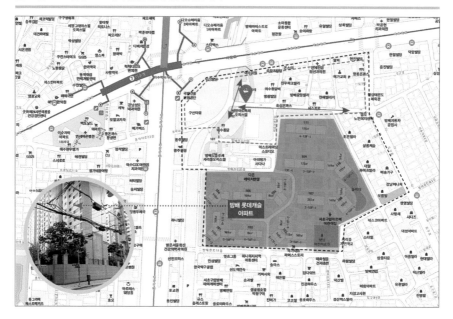

밥 이수역점이 있다는 사실조차 인지하기 어렵다.

따라서 빨간 점선으로 표시한 단독·다세대 주택 주민들만 주동선상에 있게 된다. 음영으로 표시한 방배 롯데캐슬아파트가 없다고 가정하고 해당 입지를 다시 한 번 보시라. 유효수요가 얼마나 적은지 직관적으로 알 수 있다.

다행인 것은, 맞은편에 구산타워라는 굵직한 업무시설이 있다는 점이다. 이런 업무시설을 하나 끼고 있으면 그곳에서 유발되는 수요가 있어 어느 정도 매출을 확보할 수 있다. 그렇다면 주변의 단독·다세대 주택 지역과 맞은편 업무시설 1개 건물만 알차게 확보한 김가네김밥 이수역점의 매출은 어떨까? 나는 일 매출 120만 원 정도를 예상한다.

★ 바르다김선생 잠실나루점

그렇다면 김가네김밥과 닮은 듯 조금 다른 바르다김선생은 어떨까? 김가네김밥보다 업력은 짧지만 고급 김밥으로 완전히 자리매김한 브랜드다. 매장별 매출은 조금 차이가 있을지 몰라도 손익분석에선 김가네김밥과 큰 차이가 없다.

〈그림 2-13〉은 바르다김선생 잠실나루점의 위치와 로드 뷰다. 내가 바르다김선생 매출을 조사하면서 다소 의외라고 여겼던 곳 중 하나다. 초·중교를 끼고 있는 단지의 거주민들이 이용할 것으로 보이는데, 그렇다면 당연히 학원가 상권이 발달했을 것이다. 게다가 잠실이라는 지역의 특성상 크고 작은 사무실도 더러 있을 것이다. 즉 주거 + 학원 + 업무가 어우러진 상권이라 김밥집

⬇ 그림 2-13 **바르다김선생 잠실나루점 입지**

바르다김선생 잠실나루점
일 매출 180만 원

상권으로 제격으로 보았다. 그런데 조사를 해보니 월 매출이 5,500만 원 정도로 계산됐다. 아니, 이럴 수가! 분명 김가네김밥 내방역점보다 더 좋은 입지인데……. 게다가 프리미엄 김밥을 파는 곳으로 매출이 높아야 맞는데 이게 무슨 일인가. 그런데 좀 더 조사해보니 이유를 금세 파악할 수 있었다.

이 점포를 직접 방문해보니 호떡집에 불이 난 양 정신이 없었다. 시쳇말로 테이블 장사라고 하는 음식 장사는 손님이 몰릴 때는 엄청나게 몰리지만 그 시간대를 지나면 한가하다. 그 몰리는 시간에 9평짜리 점포에서 손님을 받아봐야 얼마나 받겠나. 나 역시 좁디 좁은 공간에서 김밥에서 흘린 당근을 다 챙겨 먹지도 못하고 나온 기억이 있다. 만약 바르다김선생 잠실나루점이 15평만 됐어도 매출이 지금보다 30% 정도는 신장됐으리라 생각한다.

⭐ 국수나무 사가정점

그렇다면 바르다김선생보다 좀 더 저가에 판매하는 국수나무 가맹점의 상황은 어떨까? 최근 배달 매출이 늘어 이 책에 쓴 예상치보다 조금 높을 수 있다는 점을 감안해서 봐주시면 좋겠다.

국수나무 사가정점의 입지를 보자. 〈그림 2-14〉에서 검은 점선으로 표시한 곳의 유효수요가 주된 고객층일 것이다. 어떤 단점이 있을까?

이 골목길이 먹자 상권이 발달한 것처럼 보여도 분명한 한계가 있으니, 바로 검은 점선 안의 사람들이 아니라면 저 입지에 대해 인지하지 못한다는 것이다.

그렇다면 국수나무 같은 브랜드가 역세권 사거리로 나서야 할까? 그 점에 대해선 생각할 거리가 많다. A로 표시한 대로변 역세권 사거리는 해당 역세권

⬛ 그림 2-14 국수나무 사가정점 입지

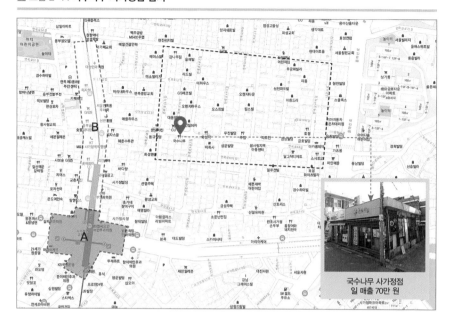

국수나무 사가정점
일 매출 70만 원

광역 상권에 하나 들어가는 판매점에게 좀 더 적합한 입지이기 때문이다. 국수나무처럼 국수와 돈가스를 팔아서 월세를 감당하기 수월치 않을 수 있다는 의미다.

그렇다면 B권역까지만 나왔더라면 어땠을까? 여기까지만 나왔더라도 해당 도로를 기준으로 동서(또는 좌우)의 유효수요들이 인지를 하고 점포를 이용할 것이다. 물론 이 경우도 현재 입지보다는 임대료가 비쌀 것이다. 그렇다 하더라도 매출 상승으로 인한 영업이익 증가폭이 임대료 인상폭을 상쇄하고도 남지 않을까 조심스레 추측해본다.

쉽게 말해, B권역의 월세가 현재보다 100만 원 정도 높다 해도 월 매출이 1,000만 원 정도 더 나온다면 가맹점주의 수익은 더 낫기 때문이다.

그렇다면 국수나무처럼 안쪽으로 들어간 입지는 모두 좋지 않을까? 그렇진 않다. 로드 뷰를 보면 작은 규모의 먹자 상권이 형성돼 있는 것으로 보이는데, 이러한 입지는 차차 축소될 것이다. 최저임금 1만 원 시대에 국수나무 사가정 점 주변 상권이 축소되면 반사이익을 누릴 곳도 반드시 있게 마련이다. 앞을 내다보고 그런 곳에 투자할 수 있어야 한다.

4년 전 출간한 내 책《나는 집 대신 상가에 투자한다》에서 관통도로에 대해 강조했는데, 사가정 지역에도 이를 대입해보면 골목길 안에서 이기는 입지를 찾을 수 있다. 지도에 검은 점선으로 표시한 사거리의 상가들이 그러하다.

그렇다면 지금 국수나무 사가정점의 매출은 어떨까? 일 매출 70만 원 정도를 예상한다. 조금 아쉬운 매출이다. 나는 이런 입지의 상가가 최저임금이 더욱 인상됐을 때 버틸 수 있을지 무척 의문스럽다. 저 업장에서 영업하고 있는 분이 내 독자가 될 수도 있기 때문에 글로 쓰긴 무척 부담스럽지만 말이다.

⭑ 맘스터치 방이점

마지막으로 맘스터치에 대해 알아보자. 맘스터치가 처음 시장에 나왔을 때는 참 애매한 포지션이라 생각했다. 과거에도 딕시랜드, 달라스, 버거잭스 등 많은 패스트푸드점이 있었다. 그러다 롯데리아, 맥도날드 등이 초강세를 띠며 많은 브랜드가 시장에서 사라져갔다. 그런 뒤 맘스터치가 시장에 나와 이제는 사라진 브랜드들과 유사한 시장 포지셔닝을 취하는 모습을 보고 '도대체 뭐지?'라는 생각이 들었다. 사라져간 브랜드들이 남겨놓은 틈새시장을 꿰어 찰 것인가, 아니면 그들의 전철을 밟을 것인가. 그러나 1,000호점을 돌파하며 점포 수로는

⬇ 그림 2-15 맘스터치 방이점 입지

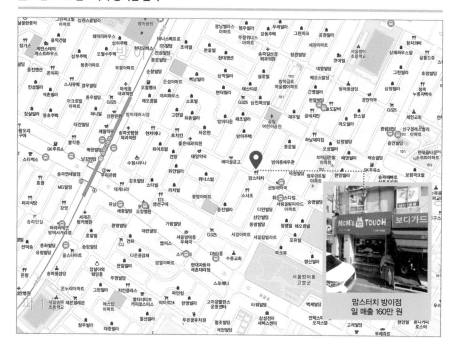

맘스터치 방이점
일 매출 160만 원

⬇ 표 2-10 맘스터치 방이점 예상 손익분석

항목	수입	지출	비고
월 매출	50,000,000원		
인건비		10,000,000원	매출 대비 20%
제경비		650,000원	매출 대비 1.3%
물품비		20,000,000원	재료비 비중: 매출 대비 40%
로열티		450,000원	매출의 0.9%
임대료			임대료 부가세 포함
점주 수익	18,900,000원		임대료 차감 전, 점주 인건비 포함

롯데리아의 턱밑까지 쫓아온 맘스터치에게, 이제 와서 '시장에서 어떻게 먹힐지' 질문한다면 늦어도 한참 늦은 질문이다.

맘스터치 방이점(그림 2-15)은 월 매출 5,000만 원, 일 매출 160만 원을 조금 상회할 것으로 본다. 국수나무의 경우처럼 지하철역 앞이나 좀 더 대로변으로 나가야 하지 않을까 의문을 가질 수도 있다. 나 역시 그런 생각을 하지 않은 건 아니다.

그러나 가만히 생각해보니 자신의 포지셔닝에 맞는 입지를 기막히게 골랐다는 판단을 하게 됐다. 맘스터치는 전국 평균 매출이 월 4,000만 원 정도다. 롯데리아는 그 1.5배인 월 매출 7,000만 원 정도로, 보다 큰 상권을 타깃으로 출점 전략을 짠다. 즉 맘스터치가 대로변으로 출점하면 롯데리아나 이와 유사한 콘셉트의 대형 패스트푸드점과 경쟁하게 될 수도 있다. 그렇다고 지나치게 안쪽에 출점하면 유효수요 크기가 작아 문을 닫게 될 수도 있을 테니 지금과 같은 입지가 맘스터치에 딱 어울리는 셈이다. 그러니 어느 정도 안쪽을 출점지역으로 물색하지 않았을까 추측한다.

그렇다면 월 매출 5,000만 원, 일 매출 160만 원 정도인 맘스터치 방이점의 예상 손익은 어떠할까? 임대료 차감 전 매출의 약 30% 정도가 점주의 이익일 것으로 본다(표 2-10).

지금까지 술을 팔지 않으면서 어느 정도 점주 수익이 날 것으로 보이는 식음 프랜차이즈에 대해 분석했다. 내게는 이보다 수십 배 많은 자료가 있어서 대표성 있는 입지의 점포만 소개했다. 이것이 프랜차이즈 가맹점의 현실이니, 임대인이든 창업자든 이에 맞는 임대료를 요구하고 수익을 기대해야 할 것이다.

도시 외곽에도
좋은 상가가 많다

음식점이나 식당이라고 하면 우리는 흔히 식사와 음주가 모두 되는 곳을 떠올린다. 그래서 김가네김밥 같은 곳은 분식집으로 분류하는 것이 보통이다. 우리 정서에는 식당 하면 삼겹살집, 치킨집, 횟집 같은 곳이 먼저 떠오른다.

직관적으로도 이들 업종이 김밥집보다 매출, 투자금, 영업면적, 임대료 모두 더 높을 것 같다. 나와 함께 조사한 옥보단 70명도 가장 무게를 두고 조사한 것이 바로 이 분야다. 창업을 할 때 가장 흔히 떠올리는 업종이기 때문인데, 임대를 하려는 사람도 창업을 하려는 사람도 공부를 해두어야 할 업종이다. 내가 고깃집에 임대를 주면 월세를 얼마나 받을 수 있을지, 고깃집을 창업하면 수입은 얼마나 될지 모두 이 장에서 확인하시길 바란다.

정말 많은 브랜드와 점포의 사례를 연구했지만 가장 대표성 있는 몇 개의 브랜드만 설명한다.

항목	하남돼지집	짬뽕지존	가장 맛있는 족발	호치킨
인테리어	5,100만 원 (30평 기준)	1억 6,100만 원 (70평 기준)	8,000만 원 (30평 기준)	3,400만 원 (평당 170만 원)
시설 및 집기	4,000만 원 (점포별 상이)	1,300만 원	3,000만 원 내외 (간판 500만 원 별도)	2,400만 원 (20평, 호프형)
보증금	1,000만 원 (만기 시 반환)	-	200만 원 (만기 시 반환)	100만 원 (만기 시 반환)
가맹비 및 교육비	2,000만 원	2,000만 원	1,000만 원 (교육비 200만 원 별도)	400만 원
개점준비비 (상품 포함)	별도	800만 원 (오픈 기획비 등)	별도	초도 상품 별도
총 투자 비용	1억 7,000만 원 내외	1억 8,200만 원 내외	1억 2,000만 원 내외	6,300만 원 내외

⭐ 하남돼지집 신촌점

한국 사람이라면 가장 흔하게 생각하는 식당이 고깃집이고, 그중에서도 삼겹살집이 아닐까 생각한다. 삼겹살 프랜차이즈는 정말 다양하고 경쟁도 치열하다. 과거에 한창 잘나갔던 브랜드만 봐도 대여섯 개는 금방 떠오른다. 계경목장, 돈뿔, 벌집삼겹, 솥뚜껑삼겹 등등. 그만큼 외식산업계에서 가장 치열하게 경쟁하는 곳이 바로 삼겹살 프랜차이즈다.

　그중에서도 하남돼지집은 매우 견고한 성장세를 보이고 있다. 그리고 무엇보다 삼겹살의 대표 브랜드 격으로 하남돼지집을 택한 것은 낮은 수준의 폐점율(폐점 점포 수/영업 점포 수) 때문이다. 한 해 폐점율이 5%를 조금 상회한다는 본부의 설명을 들었는데, 이 정도면 일반음식점으론 매우 우수한 프랜차이즈다.

하남돼지집의 투자금은 〈표 2-11〉에서 보는 대로다. 순수 인테리어 비용은 평당 170만 원, 집기 비용과 가맹비 등은 별도라 점포 임차 비용을 제외하고 약 1억 7,000만 원의 비용이 든다. 즉 3억 원은 있어야 제대로 된 입지의 하남돼지집을 열 수 있다.

〈그림 2-16〉을 보자. 결과만 놓고 보면 칭찬을 해야 할 것 같은데 입지를 놓고 보면 잔소리할 곳이 좀 많아지는 곳이다. 상권이 형성되는 원리 중 하나가 '물방울 법칙'이다. 큰 상권으로 인근의 작은 상권 수요가 쏠리는 현상이다. 그렇게 본다면 지도상 A권역과 B권역이 가장 큰 상권으로 보인다.

그렇다면 C권역, D권역, E권역 쪽의 유효수요도 A권역과 B권역으로 빈번하게 이동하게 된다. 반면 A권역과 B권역의 유효수요는 특별한 경우가 아닌 한 C권역, D권역, E권역 쪽으로 건너올 일이 없다. 이 동네에 유명한 맛집이나 큰 병원 혹은 유명 쇼핑몰이 생긴다 해도 A권역과 B권역으로 들어올 테니 말이다.

그런 점에서 하남돼지집 신촌점의 입지는 좋아 보이지 않는다. 저런 곳에 고깃집을 낸 점주나 가맹본부나 둘 다 용기가 대단해 보인다. 사실 높은 보증금과 권리금이 부담스러워 가장 좋은 입지를 포기하고 '현실적인 1입지'를 찾게 되기도 한다. 그렇더라도 1입지에서 지나치게 벗어나 있다.

그러면 하남돼지집 신촌점이 장사가 안 되고 수익이 나쁠까? 그렇진 않다. 이 경우는 점주의 영업력이 뛰어나거나 아니면 브랜드의 힘 때문일 텐데 아마 브랜드의 힘이 가장 큰 영향을 끼쳤을 것이다.

〈표 2-12〉는 1년 전 분석 자료지만, 하남돼지집 점포의 손익을 잘 반영하고

▶ 그림 2-16 하남돼지집 신촌점 입지

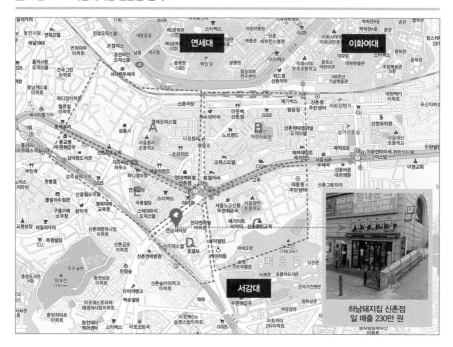

▶ 표 2-12 하남돼지집 신촌점 예상 손익분석

항목	수입	지출	비고
월 매출	70,000,000원		
인건비		15,400,000원	매출 대비 약 22%
관리비		600,000원	평당 2만 원 (실 30평 기준)
물품대 (원재료비)		25,200,000원	매출 대비 36%
기타 비용		7,000,000원	로열티 2%, 기타 비용 8% (합 10%)
임대료		5,000,000원	임대료 부가세 포함
점주 수익	16,800,000원		임대료 차감, 점주 인건비 포함

있다. 하남돼지집은 보통 30평 기준으로 14~15개의 테이블이 있다. 회전 2.5회, 테이블 단가는 6만 원 정도로 신촌점은 거의 이대로 매출이 나온다.

고깃집은 2년차에 최고의 매출을 올리며 개점 후 3~4년 정도가 되면 부분 리모델링을 해주어야 한다. 이런 점을 고려하면 쉽게 손익을 말하기가 부담스럽긴 하다. 앞에서 입지에 대해 잔소리를 했지만 사실 고깃집 임대료는 30평 기준으로 월 500만 원이 가장 적합하다. 현실적인 1입지를 고른 것이라고 할 수 있다. 더 좋은 입지로 가본들 회전율에 한계가 있을 테고, 그렇다면 높은 투자금에 비례해서 수익도 늘어날지 고민도 필요하다. 리스크가 커지고 일만 많아진다고 여길 수도 있다.

참고로, 하남돼지집 서울대입구역점은 월 매출이 1억 원이다. 뒤에서 하남돼지집 서울대입구역점에 대해서도 잠시 언급할 텐데, 상권분석을 해본 뒤 그 입지를 평가해보라. 하남돼지집 서울대입구역점도 신촌점처럼 입지의 힘보다 브랜드의 덕을 본 것이 분명하다.

⭐ 짬뽕지존 오목천점

자, 그렇다면 전혀 다른 일반음식점인 짬뽕지존은 어떨까? 사실 처음 짬뽕지존을 봤을 때 든 생각은 '짬뽕 하나를 메인 메뉴로 하는데 저렇게 큰 매장이 필요할까?'였다. 이 같은 프랜차이즈는 24시간 영업에 기사식당, 설렁탕집과 유사한 입지를 선호할 터였다. 사실 상가투자 못지않게 토지투자를 하는 나에겐 무척이나 흥미로운 브랜드였다.

국도 지방도로변에 토지를 매입해서 스타벅스 드라이브 스루 매장 하나 내는 것에 얼마나 관심들이 많은가. 하지만 여간 어려운 일이 아니다. 그런데 수강생 중 한 명이 내가 권한 물건을 매입해 잔금을 치를 때쯤 스타벅스 드라이브 스루 매장이 입점 계약을 체결했다. 숱한 입지를 검토한 후 겨우 하나 건진 성공 사례라고 할까.

반면 짬뽕지존의 입지를 볼 줄 안다면 좀 더 많은 기회를 잡을 수 있을 것이다. 스타벅스만큼 대박 임차인은 아니지만, 제법 매출을 올려주고 그로 인해 좋은 임대료도 받을 수 있을 테고 덩달아 땅값 상승도 노려볼 만하기 때문이다.

경기도 수원은 스타벅스 드라이브 스루 매장이 사업 전개 초기부터 입점한 곳이다. 그러다 보니 이 지역에서 부동산 좀 한다는 사람들은 스타벅스의 매출과 월 임대료 등에 대해 이야기를 하곤 한다. 그런 중에 재밌는 건 "여기가 전국 스타벅스 중에 매출 1등이야"라고 하는 점포가 수원에만 3개나 있다는 것이다. 바로 동쪽의 수원IC DT점, 남쪽의 망포DT점, 서쪽의 권선DT점이다. 짬뽕지존 이야기하다 뜬금없이 웬 스타벅스냐고 하겠지만, 짬뽕지존 오목천점이 바로 스타벅스 권선DT점과 동일한 필지 내에 있다(그림 2-17).

전에는 주유소와 허름한 상가가 있던 자리에 스타벅스 권선DT점과 짬뽕지존 오목천점이 입점한 것이다. 주유소를 운영하던 지주가 과감히 폐업 후 임대했다고 한다. 스타벅스는 매출의 15%를 임대료로 내는데 지역에서 들은 대로 월 매출이 1억 8,000만 원이라면 월세가 2,700만 원에 달한다. 이처럼 우량한 자리에서 짬뽕지존 오목천점은 얼마나 매출을 올리고 있을까?

책을 쓰거나 강의를 하는 사람 입장에서 특정 지역을 두고 '나쁘다'거나 '낙후됐다'와 같은 표현을 쓰기가 편치 않다. 하지만 수원의 오목천동을 알고 있는 사람이라면 누구나 인정할 것이다. 이곳이 수원 사람들이 그리 선호하는 지

⬇ 그림 2-17 스타벅스 권선DT점과 바로 옆의 짬뽕지존 오목천점

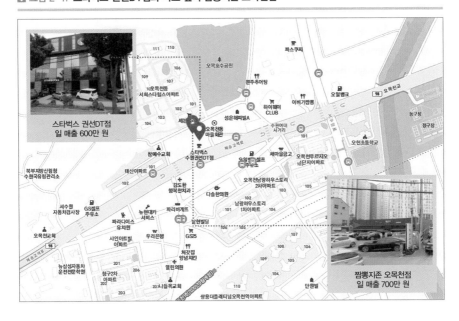

⬇ 그림 2-18 스타벅스 권선DT점과 짬뽕지존 오목천점의 유효수요

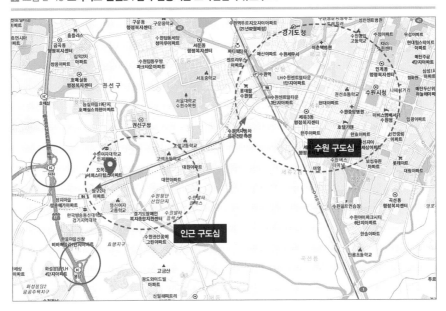

역이 아니라는 것을. 하지만 짬뽕지존의 입지로는 매우 우량한 곳이다.

우선 이런 업종의 특성에 대해 이해해보자. 주된 유효수요가 차량으로 올까, 보행해서 올까? 정확한 비율은 알 수 없으나 반반 정도 될 것이다. 그렇다면 인근 구도심에서 걸어오는 이들도 제법 될 테고, 동쪽의 수원 구도심 사람들의 차량 동선에 따라 유입되는 경우도 꽤 있을 것이다. 수원 구도심에서 고속도로 IC를 이용하려 할 때 지나는 동선상에 있기 때문이다. 또 지도에 표시되지 않았지만 봉담IC 남쪽의 화성으로 출퇴근하는 차량도 많은 수가 이 앞을 지나 수원으로 가게 돼 있다. 광역 상권으로 보면 차량 동선의 완전한 주동선이다.

🔽 그림 2-19 짬뽕지존 오산점 입지

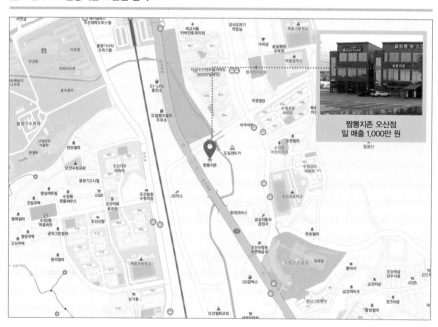

그러니 스타벅스도 짬뽕지존도 매출이 좋다. 짬뽕지존 오목천점은 일 매출이 700만 원을 조금 상회한다. 그렇다면 다른 지점은 어떨까? 짬뽕지존 오산점 〈그림 2-19〉를 보자.

짬뽕지존 오산점은 100평의 넓은 면적을 갖추고 있고 주차장 또한 넉넉하다. 입지는 그야말로 지존이다. 1번 국도변이니 차량 트래픽이야 말할 것도 없고 인근에 유효수요도 넘쳐난다. 일 매출이 1,000만 원을 넘는 것도 이상하지 않다. 조사한 바로는 월 매출이 3억 8,000만 원으로 어마어마한 수준이다.

1차원적인 상가투자를 넘어 입지와 토지의 가치 상승까지 노리는 상가투자자라면 이처럼 입지를 보는 안목이 반드시 필요하다. 창업을 고려하는 이들도 경쟁이 치열한 도심형 입지만 고집할 게 아니라 차량 트래픽과 인근 구도심의 수요가 잘 갖춰진 곳을 노려보는 것도 좋은 전략이다.

상권분석과 매출예측의 기초,
아메바 지도를 그려라

일반인뿐 아니라 점포개발을 하는 이들에게도 '아메바 지도'는 그리 낯익은 용어가 아니다. 현미경으로 아메바를 보면 일정한 모양이 정해져 있지 않고 다양한 모양으로 퍼져 있다. 바로 그렇게 아메바처럼 해당 입지에서 영향력에 들어올 수 있는 범위까지 지도 위에 그려보는 것이다. 아메바 지도 만들기는 거의 모든 소매점의 매출을 예측하는 첫걸음이다.

실제 사례로 들어가기 전에 베이커리 가맹점 현황을 잠시 짚고 넘어가자. 우리나라의 양대 프랜차이즈 베이커리를 말해보라 한다면 누구든 파리바게뜨와 뚜레쥬르를 꼽을 것이다. 둘 다 가맹점이 1,000개가 넘는, 명실 공히 대형 프랜차이즈 기업이다. 그러나 파리바게뜨는 가맹점 수가 3,000개가 넘는 데 반해 뚜레쥬르는 이의 1/3에 지나지 않는다.

그렇다면 〈그림 2-20〉에 아메바 지도를 그려보며 어느 위치의 베이커리 가맹점이 이기는 입지가 될지 판단해보자.

지도를 보면 3,391세대의 아파트는 재건축된 것으로 주변 아파트들 중 가장 늦게 지어졌다. 그런데 만약 이 3,391세대가 입주하는 것을 겨냥해 베이커리 입점 전략을 짠다면 어떻게 해야 할까? 지도상 빨간 동그라미로 표시한 곳

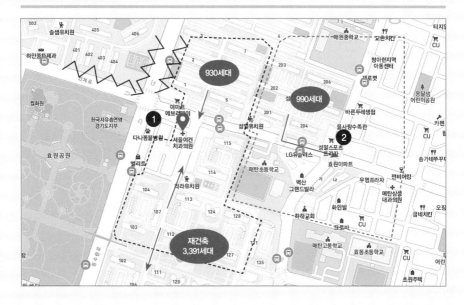

에 추가로 출점한다면 매출은 어느 정도 나올까? 이미 1번과 2번에 기존 베이커리가 있는 상태에서 말이다.

이때 후보점 입지를 두고 아메바 지도를 그려보면 굉장히 유용하다. 후보점의 상권 영역을 아메바 지도로 나타내면 검은 점선 부분이 될 것이다. 이제 2번입지의 아메바 지도를 그리면 빨간 점선처럼 될 것이다. 그렇다면 사거리 코너의 1번 자리에 경쟁점이 있다 해도 상당한 영역의 상권이 확보되는 것이 보인다.

남쪽의 3,391세대 중 반대편 출입구를 이용하는 세대를 절반 정도로 잡아도 약 1,700세대가 확보되고, 맞은편의 930세대는 거의 다 후보점의 상권 범위, 즉 아메바 지도 안으로 들어온다.

그렇다면 1번 자리에 경쟁점이 있어도 충분히 입점할 만한 가치가 있는 입

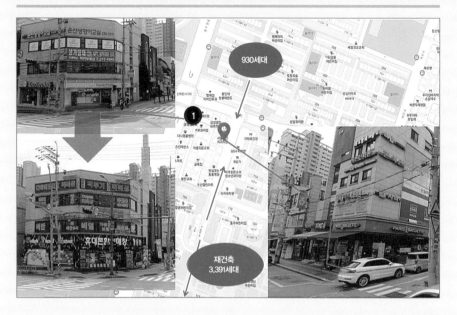

지다. 상가투자의 관점에서 말하자면 1번 자리에 상가가 있어도 이면 안쪽 주변의 상가를 사도 좋다는 의미다. 1번 자리가 더 큰 길가의 사거리이며 유동인구도 많고 개별공시지가도 더 비싸겠지만 아메바 지도를 그려보면 안쪽 후보점보다 열세라는 점이 한눈에 드러난다.

1번에는 뚜레쥬르 신매탄사거리점이 있었고 안쪽 3,391세대가 입주하기 전일 매출이 100만 원 전후였던 것으로 알고 있다. 당시로선 뚜레쥬르 신매탄사거리점 가맹점주나 건물주 모두 재건축이 끝나고 대단위 입주가 시작되면 상당한 매출 상승이 일어나리라고 기대했을 것이다. 그런데 아메바 지도상 월등히 우월한 입지에 경쟁점 파리바게뜨 매탄위브점이 함께 입점을 해버린 것이다!

이에 따라 뚜레쥬르 신매탄사거리점은 매출이 지속적으로 하락해 하루에 50만 원도 팔지 못하게 됐고 결국 폐점 수순을 밟았다. 같은 건물에 있던 편의점 훼미리마트도 하루 120만 원의 매출을 보이다 폐점했다. 이후 세븐일레븐으로 바뀌었으나 역시 문을 닫고 휴대전화 판매점이 입점했다.

그렇다면 기존의 경쟁점이 있는 상태에서 입점한 파리바게뜨 매탄위브점 상황은 어떨까? 1번 입지에 경쟁점이 있던 초기에는 장사가 잘될 때 일 매출이 200만 원 정도였다. 그러다 경쟁점도 문을 닫고 주변 상권이 나날이 좋아지면서 현재는 하루 200만 원대 후반의 매출을 올리는 아주 안정적인 가맹점으로 자리를 잡았다.

내가 여기서 로드 뷰나 브랜드를 먼저 알려드리지 않은 건 독자 여러분께서 브랜드를 보고 어느 자리가 이겼으리라 미리 짐작하려는 것을 막으려는 의도였다. 브랜드 선호도가 확실한 분께서는 지금 이야기에 동감하지 않을 수도 있다. 하지만 만약 1번 자리에 파리바게뜨가 입점하고 추후 후보점 자리에 뚜레쥬르가 입점했어도 1번 자리의 점포가 폐점했을 거라는 게 나의 견해다. 이렇듯 사업 초기에 이기는 입지를 잘 골라냈던 파리바게뜨가 지금의 브랜드 파워를 만들어낸 것이다. 아니라고 하고 싶은가? 2부로 넘어가면 많은 상권에서 두 브랜드의 매출 비교가 나온다. 이를 통해 확인해보시기 바란다.

연신내역 ○○○커피:
일 매출 300만 원

노원역 ○○아이스크림:
일 매출 230만 원

쌍문역 ○○치킨:
일 매출 130만 원

불광역 ○○○햄버거:
일 매출 180만 원

흥대입구역 ○○편의점:
일 매출 400만 원

안암역 ○○빵집:
일 매출 210만 원

서울대입구역 ○○반점:
일 매출 350만 원

신림역 ○○화장품점:
일 매출 180만 원

낙성대역 ○○편의점:
일 매출 170만 원

천호역 ○○토스트:
일 매출 600만 원

2부

역세권
매출
지도

낙성대역

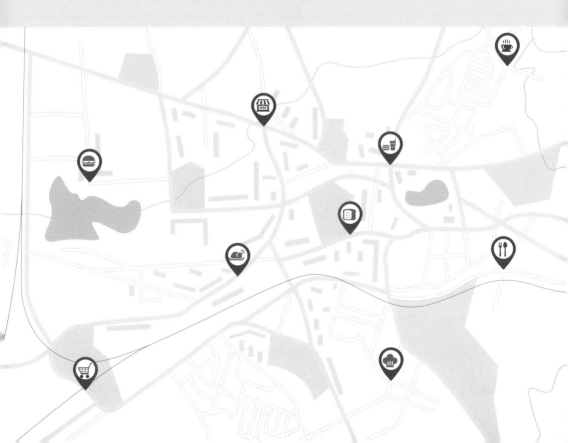

편의점, 대로변이 좋을까
이면 골목이 좋을까?

〈그림 3-1〉을 보자. 지도에 롯데그룹 계열사인 세븐일레븐 봉천2호점과 보광 그룹 계열사의 CU 관악낙성점이 있다. 이 두 곳은 매출이 어떨까? 비슷할까, 차이가 날까? 점포개발을 할 때 수없는 논쟁이 일어나는 곳이 바로 이런 곳이다. 즉 대로변에 지점을 내느냐, 아니면 안쪽에 내느냐의 문제다.

대로변에 편의점을 내면 일단 번듯해 보인다. 가시성도 좋고 보통 유동인구도 많다. 반면 임대료가 비싸고, 무엇보다 골목 안쪽에 경쟁점이 생기기라도 하면 매출을 빼앗길까봐 걱정이 된다.

한편 이면 골목의 점포는 정반대의 고민이 있다. 번듯한 맛도 없고 가시성 떨어지고 유동인구도 부족하다. 하지만 안쪽의 수요를 (업계 용어로) 끊어먹어서 경쟁 우위를 점할 수 있을 것 같기도 하다. 그런데 안쪽의 수요만으로 장사가 될지 의문스럽다. 더군다나 유동인구가 적으니 대로변보다 상권도 활성화돼 있지 않은 느낌이 든다. 초보자로선 선뜻 결정하기 어려운 입지다.

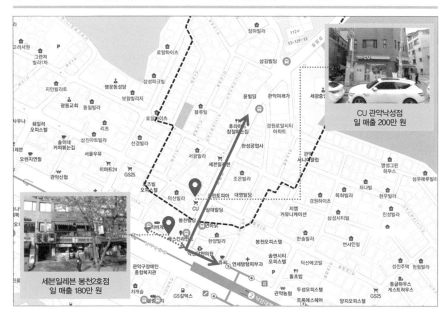

2017년, 또는 2018년 중순까지로 범위를 좁혀서 설명해보자. 당시 대로변의 세븐일레븐 봉천2호점은 일 매출이 180만 원 정도였다. 그리고 CU 관악낙성점은 이보다 약간 높은 200만 원 정도로 보였다. 정확한 임대료는 알 수 없지만 누가 보더라도 대로변의 세븐일레븐 봉천2호점 자리가 더 비쌀 것이다. 그런데 매출은 왜 CU 관악낙성점이 더 높을까?

지도를 보면 CU 관악낙성점 배후의 유효수요는 검은 점선으로 표시한 대로 넓은 영역에 걸쳐 있다. 반면 세븐일레븐 봉천2호점은 대부분의 유효수요가 경쟁점인 CU 관악낙성점에 끊어먹히는 구조를 갖고 있다.

게다가 세븐일레븐 봉천2호점은 버스정류소 앞이다. CU 관악낙성점의 유효수요가 지하철을 타러 간다면 세븐일레븐 봉천2호점 앞을 지날 일이 없다. 이는 치명적인 한계다. 지도를 보자. 유동인구가 많을 쪽은 파란 실선, 적을 쪽은 파란 점선으로 표시했다(그럼에도 불구하고 유동인구는 대로변인 세븐일레븐 봉천2호점이 더 많다. 파란 실선으로 표시한 거주민들의 동선은 낙성대역 방향이 더 많다는 점을 표시한 것이다).

재미있는 사실은, 이는 어디까지나 2017년까지의 일이라는 점이다. 지도가 바뀌었기 때문이다. 2018년 세븐일레븐 관악동산점이 오픈한 것이다. 세븐일레븐 관악동산점이 CU 관악낙성점의 배후를 죄다 끊어먹는 구조임을 직관적으로 알 수 있다. 원래 저곳은 동산하이퍼마켓이 있던 자리다. 개인이 운영하는 슈퍼로 영업이 여의치 않자 편의점으로 바뀐 것으로 추정한다.

⬇ 그림 3-2 **2018년 오픈한 세븐일레븐 관악동산점**

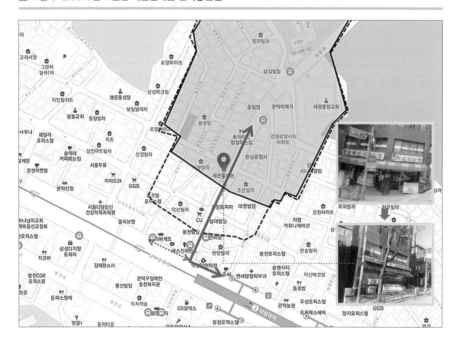

이제 이 골목길 전쟁의 승자는 누구일까? 이에 대한 답을 제시하기보다는 원리로 마무리하고자 한다.

소위 안쪽에서 끊어먹는 자리가 승자가 되려면, 생존할 수 있을 만큼은 안쪽 유효수요가 확보돼야 한다. 최저임금이 다락같이 오른 요즈음이라면 세븐일레븐 관악동산점의 일 매출은 아무리 적어도 150만 원은 돼야 하는데, 그 점에서 확신을 갖지 못하겠다. 분명 CU 관악낙성점도 매출에 큰 타격을 입었을 것이다. 동산 하이퍼마켓이 편의점으로 바뀌면서 매출이 오른 것과 비슷한 정도로 매출이 하락했을 것이다. 하지만 CU 관악낙성점은 버텨낼 것이다. 인테리어 감가상각이 끝나는 시점인 5년이 이미 경과했기 때문에 CU 본부의 지원이 만만치 않을 테니 말이다(편의점 본부는 통상 인테리어와 장비 등을 무상 대여하고 일정 비율의 로열티를 받는데, 5년이 경과하면 매출에 따라 차이가 있지만 상당한 장려금을 지급한다).

이 글을 읽는 분들께선 이렇게 정리를 하면 좋겠다. 세븐일레븐 관악동산점이 입점하기 전까지는 안쪽 배후가 넓은 편의점의 일 매출이 200만 원 선이었고, 대로변은 임대료가 비싼데도 매출이 그보다 조금 낮았다고. 이 정도 선에서만 정리를 해두어도 사례가 많이 쌓이면 충분한 정보와 자료가 된다.

원룸촌 중앙 입지가
좋은 이유

CU 관악낙성점은 일 매출이 200만 원 수준이었다가 더 안쪽에 경쟁점이 생기면서 매출에 영향을 입었을 것이라고 했다. 그러나 정작 내가 강조하고 싶은 건, 안쪽의 CU 관악낙성점이 대로변에 있는 세븐일레븐 봉천2호점보다 임대료는 낮은데 매출은 더 높았다는 사실이다. 안쪽에 충분한 유효수요가 있었기 때문이다.

그렇다면 CU관악낙성점 동쪽에 있는 편의점들의 매출은 어떨까? 〈그림 3-3〉을 보자. 지도상으로는 가장 안쪽에 GS25 행운중앙점(B)이 위치하고, 대로변에 GS25 낙성대역점(C), 그 이면 골목에 GS25 관악행운점(D)이 위치한다 (중앙에 있는 GS25 행운중앙점과 그 동쪽의 GS25 관악행운점의 위치와 점포명을 혼동하지 말고 읽으시길 바란다).

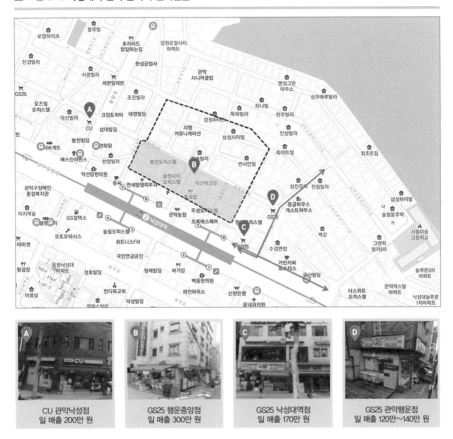

CU 관악낙성점
일 매출 200만 원

GS25 행운중앙점
일 매출 300만 원

GS25 낙성대역점
일 매출 170만 원

GS25 관악행운점
일 매출 120만~140만 원

⊛ GS25 행운중앙점

GS25 행운중앙점의 입장에서 상권을 분석해보면, 사방으로 경쟁점에 에워싸여 있는 모양새다. GS25 행운중앙점의 1차 유효수요는 검은 점선으로 표시한 부분이 될 것이다. 한눈에 봐도 일 매출 200만 원이었던 CU 관악낙성점의 유효수요보다 확실히 면적이 작다. 게다가 동쪽으로는 GS25 관악행운점에, 낙성대역이 있는 대로변으로는 GS25 낙성대역점에 유효수요를 모두 빼앗기는 구조다.

그렇다면 매출은 과연 어느 정도일까? 뜻밖에 매출은 아주 좋을 것으로 생각한다. 하루 300만 원을 조금 넘는 수준으로 본다. 왜 그럴까? 바로 용도지역 때문이다. 즉 지도상 노란색으로 표시한 곳에 원룸이 많기 때문이다. 조금 어렵게 말하자면, '국토의 계획 및 이용에 관한 법률' 상 준주거지역으로 원룸형 주택을 짓기에 좋은 곳이다. 그러니 지도상 유효수요 면적이 좁아도 밀도가 매우 높아 그 중간에 있는 GS 행운중앙점의 매출이 높은 것이다.

같은 편의점이라도 상권의 성격에 따라 매출이 다르게 나타날 때가 많다. 이를테면 같은 300세대라 해도 원룸촌에선 편의점 매출이 높게 나오지만 아파트, 특히 40~50평대의 대형 아파트가 있는 곳에선 매출이 별로 높지 않다. 원룸엔 젊은 1인 가구가 많고 이들은 편의점 소비 성향이 높기 때문이다. 반면 대형 아파트에는 연령이 높은 어르신들이 주로 거주한다. 그들은 소비 성향도 낮고 편의점 내점 빈도도 현저히 떨어진다.

따라서 GS25 행운중앙점은 일 매출이 300만 원이 넘을 것으로 본다. 이 정도면 일반 편의점 가맹점 매출로는 상위 1%에 드는 수준이다.

⭐ GS25 관악행운점 vs GS25 낙성대역점

원룸촌 중앙의 GS25 행운중앙점은 이처럼 높은 매출을 보인다. 그렇다면 그 주변 편의점들의 매출은 어떨까? 동쪽의 GS25 관악행운점의 일 매출은 120~140만 원 수준으로 본다. 이 점포의 유효수요와 동선이 겹치면서 대로변에 있는 GS25 낙성대역점은 170만 원 정도로 추정한다.

GS25 관악행운점의 매출을 이처럼 저조하게 예상하는 이유는 안쪽에 있어도 지나치게 안쪽이기 때문이다. 주변엔 원룸도 제대로 규모를 갖춘 것이 없다. 앞서 언급한 대로 안쪽에서 끊어먹는 세대 수가 충분하다면 안정적인 입지가 될 텐데, GS25 관악행운점의 유효수요는 충분하다고 하기엔 다소 모자란 감이 있다. GS25 관악행운점과 GS25 행운중앙점의 차이는, 둘 다 중간에 위치하지만 GS25 관악행운점은 원룸이 아닌 단독 · 다세대 주택 위주의 배후 세대로 수요가 적고 GS25 행운중앙점은 원룸 수요가 많다는 것이다.

세븐일레븐 관악동산점이 2018년 입점하기 전의 CU 관악낙성점과 비교해 보면, 둘의 유효수요 크기가 얼마나 차이 나는지 여실히 드러난다(최저임금이 인상되기 전엔 이와 같은 입지도 가맹점주의 인건비 정도는 벌 수 있었지만, 지금은 근무시간이 더 많은 아르바이트생이 더 높은 수입을 올리는 구조다).

롯데리아가
문을 닫은 까닭은?

소매점은 어떤 조건이 갖춰져야 높은 매출이 나올까? 당연히 상권의 유효수요가 커야 하고 상권의 성격이 해당 소매점과 맞아야 한다. 가령 주거지 상권이면 학원이나 병·의원, 베이커리가 잘되고 직장인 상권에선 음식점이나 술집이 잘되는 것처럼 말이다.

대치동 학원가에 위치한 바르다김선생 대치은마점의 월 매출이 1억 원이 넘는다는 사실은 업계에서 잘 알려진 사실이다. 상권의 유효수요도 크고 상권과 성격도 맞아 성공한 전형적인 예라고 할 수 있다.

그런 면에서 폐점한 롯데리아 낙성대역점은 많은 교훈을 준다. 지도로만 봐도 폐점이 눈에 선한 점포다. 〈그림 3-4〉의 검은 점선 안이 이 점포의 1차 상권인데, 주택가인 데다 세대 수마저 많지 않다. 2차 상권이라 할 만한 곳도 없다. 길 건너 더 많은 맛집들이 있으니 굳이 길을 건너 넘어오는 사람도 없다. 게다가 상권 내 학교라곤 서울미술고등학교뿐이다. 학원가 상권도 활성화될 일이 없다.

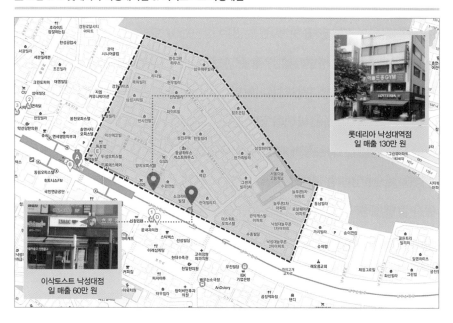

롯데리아 낙성대역점
일 매출 130만 원

이삭토스트 낙성대점
일 매출 60만 원

지도상엔 없지만 낙성대역 서쪽으로 초등학교와 중학교가 있으니 학원가와도 거리가 있고, 배달에도 한계가 있다. 그렇다면 누구한테 햄버거를 팔아야 할까?

롯데리아 낙성대역점의 일 매출은 130만 원 정도였으리라 짐작한다. 이 사례는 특히 창업을 염두에 둔 이들에게 좋은 정보다. 이와 같은 주택가, 게다가 학원가가 발달되지 않은 지역의 매출이 어느 정도인지 알아두면 창업 시 좋은 지침이 된다.

참고로, 화성시 반송동의 동탄센트럴파크 앞에 있는 롯데리아 화성센트럴파크점의 일 매출은 300만 원이 넘는다. 인근의 피자헛도 250만 원 정도다. 일 매출 130만 원은 장사 좀 된다는 동네의 치킨집 수준에 지나지 않는다. 낙성대역을 나왔을 때 같은 동선상의 버스정류소 앞 이삭토스트 낙성대점, 피자스쿨도 일 매출이 60만 원 전후 수준이다.

현재 롯데리아 낙성대역점 자리엔 연안식당이라는 일반음식점이 개점해 있다. 아무리 역세권이라 해도 유효수요가 부족하면 한계가 있음을 여실히 보여주는 사례다. 하지만 이 지역의 편의점은 그토록 많고 그런데도 장사가 잘되는 곳이 있는데 롯데리아는 왜 이토록 매출이 적었던 걸까?

그 이유는 업종별로 필요 세대 수가 다르기 때문이다. 편의점, 세탁소, 부동산중개소 등은 500세대만 확보돼도 경쟁점이 없다면 영업을 유지할 수 있는 기본 매출이 나온다. 반면 베이커리, 병·의원, 학원, 주류를 판매하는 삼겹살집 같은 음식점은 2,000세대, 배스킨라빈스, 주류를 판매하지 않는 김밥집, SSM(Super supermarket, 100평 이상의 대형 슈퍼마켓)은 4,000세대가 확보돼야 인건비 주고 월세도 내고 주인도 좀 벌어간다. 그리고 롯데리아 같은 업종은 1만 세대는 확보되는 상권으로 가야 이러한 매출이 나온다.

그런 점에서 롯데리아 낙성대역점은 처음부터 상당한 한계가 있어 보였다.

같은 동선상의 이디야커피와 쥬씨, 당신의 선택은?

쥬씨와 빽다방이 세상에 나왔을 때, 이들 브랜드가 저가 커피 시장을 장악하리라는 예상이 많았다. 그러나 전쟁 같은 자영업 시장에서는 쉽지 않은 일이다. 누군가 큰 이익을 독점하고 있다면 경쟁자가 등장하게 마련이다.

처음에만 반짝하다 사라지는 경우도 숱하다. 그러니 창업을 한다면 해당 아이템이 유행산업인지 유망산업인지 면밀히 체크할 필요가 있다. 특히 가맹사업을 하려는 가맹본부는 늘 개성 있는 아이템을 찾고, 그중엔 잠시 시장에서 돋보이다 마는 경우가 많다.

나는 가맹점이 100개로 늘면 시장에서 '먹히기' 시작했다고 평가한다. 더 확장해서 시장에서 자리를 잡느냐 마느냐의 기로에 선 때이기도 하다. 가맹점 수가 300개가 되면 가맹사업이 안정화에 접어들었다고 생각한다.

번(bun)전문점, 와플전문점 등이 100개 전후의 가맹점으로 늘어날 때까지는 활발하게 사업을 전개하다 이후 경쟁 업종의 견제와 소비자들의 입맛 변화에

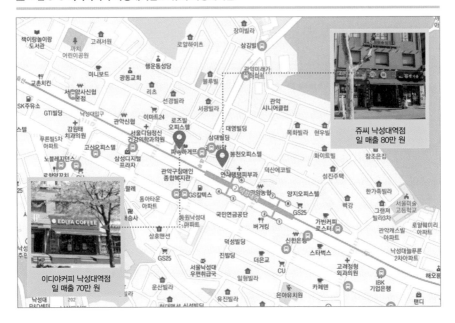

따라 쇠퇴기를 맞고 있는 것이 좋은 예다.

2,800호점에 달하는 이디야커피, 단기간에 700호점을 달성한 쥬씨는 시장에 안착했다고 볼 수 있다. 그렇다면 동일 상권, 동일 동선에 있을 때 이 둘의 매출은 얼마나 차이가 날까?

〈그림 3-5〉를 보자. 이 두 점포의 경쟁이 흥미로운 까닭은 두 점포의 콘셉트가 비슷하기 때문이다. 이디야커피가 먼저 대로변에 20평 정도의 매장을 열어 영업 중이었고 이후 2017년에 쥬씨가 1층의 10평, 2층의 30평 전체를 임차해 매장을 냈다.

쥬씨는 낙성대역 5번 출구를 나왔을 때 바로 첫 번째 건물에 위치한다는 장점이 있고, 이디야커피는 버스정류소 앞이어서 가시성이 좋다. 선호도의 차이야 있겠지만 이디야커피는 쥬씨보다는 좀 더 나이 든 층에서 선호하는 인테리어를 갖췄다. 또 쥬씨는 테이블을 이용하려면 2층으로 올라가야 하는 불편함이 있고 이디야커피는 1층에서 바로 음료를 받아 테이블을 이용할 수 있다.

그렇다면 매출은? 조사 당시 쥬씨가 하루 80만 원, 이디야커피는 70만 원이었다. 매출 조사가 쉽지 않았던 것은, 이들 저가 커피는 계절에 따라 매출 차이가 워낙 크기 때문이다. 그래서 연 매출을 조사하고 이를 365로 나누거나 더워지기 전의 봄이나 가을철 매출을 파악해야 한다.

저가 커피전문점을 창업하려는 분들에게 한 마디 당부를 하고자 한다. 또 자신의 상가에 저가 커피전문점을 임대하고자 하는 분들에게도 해당되는 이야기다. 이들 점포를 보셨듯이 일 매출 100만 원을 넘기기가 쉽지 않은 것이 바로 저가 커피전문점이다. 일 매출 70만 원이면 월 매출은 2,000만 원 수준이다. 이 정도의 매출이라면 어느 정도의 임대료를 감당할 수 있을까?

이 정도 매출이라면 월세 200만 원 선이 타당하다고 본다. 그래야 가맹점주 자신도 300만~400만 원의 수입을 얻을 수 있기 때문이다. 평범한 입지인데도 월세 300만 원이 넘는 자리를 검토하는 창업자를 가끔 보는데 무척 우려스럽다. 신도시 상가를 분양받아 저가 커피전문점에 임대할 계획을 가진 투자자들도 마찬가지다. 이들 역시 300만 원이 훌쩍 넘는 월세를 기대한다. 분양사무실은 심지어 300만~400만 원의 월세를 받을 수 있다고 말한다. 너무나 확정적으로 이야기하기에 무슨 확정금리 상품쯤으로 여겨질 때도 있다.

하지만 저가 커피가 월 3,000만 원쯤 팔기란 쉽지 않다는 점을 꼭 명심하길 바란다. 더벤티 대치점 정도의 입지는 돼야 월 매출 3,000만 원이 가능하다는 점을 참고로 알아두면 좋을 것이다.

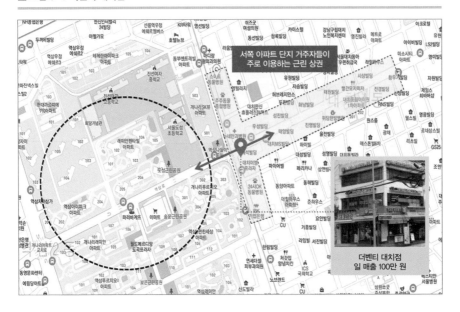

더벤티 대치점(그림 3-6)은 서쪽의 고가 아파트 단지 주민들이 이용하는 상권의 꼭지점에 위치한다. 학원이든 병원이든 더벤티 대치점을 지나야 이용할 수 있다. 이 정도 입지라야 가맹점주가 300만~400만 원의 월세를 부담할 수 있다.

저가 커피전문점은 손님이 많아 보이기 때문에 매출이 높은 듯하지만 실상은 그렇지 않다.

베이커리,
유효수요 2,000세대 이상이어야

점포개발을 하는 이들 사이에는 상권의 볼륨이 어느 정도일 때 얼마의 매출이 가능하다는 통계 같은 것이 있다. 워낙 많은 점포를 다루다 보니 몇 세대 아파트 상권은 얼마, 인구 몇 만 도시에 입점하면 얼마, 활성화된 근린상가의 1입지는 얼마 등등 매출이 자연스레 계량화된다. 2,000세대 규모의 아파트 상권은 일 매출이 200만 원이라는 식이다.

그런 면에서 파리바게뜨 낙성대역점은 높은 매출을 기대하기 어렵다. 파리바게뜨 낙성대역점은 남부순환로를 기준으로 북쪽의 주거지, 낙성대점은 남쪽의 주거지가 주된 유효수요다. 방금 말한 기준에 의하면 낙성대역점은 일 매출 150만 원 정도로 생각한다. 주된 유효수요가 단독·다세대 주택 지역으로, 2,000세대가 안 되기 때문이다. 북쪽의 낙성대역점과 남쪽의 낙성대점의 점포명을 혼동하지 말고 읽으시길 바란다.

반면 낙성대점은 낙성대역점과 비교가 안 될 만큼 유효수요가 풍부하다. 일

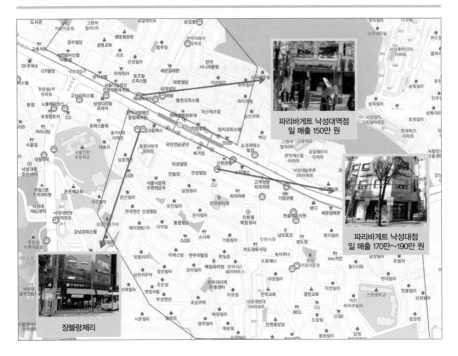

파리바게트 낙성대역점
일 매출 150만 원

파리바게트 낙성대점
일 매출 170만~190만 원

장블랑제리

매출 200만~300만 원은 나와야 할 입지다.

하지만 점포 방문 등 여러 조사를 하며 보니 매출이 의외로 낮았다. 인근 S 대학교 졸업자에게 이유를 물으니 워낙 인기 있는 개인 베이커리(소수 지점을 두고 있는 특화된 프랜차이즈점) 때문이라고 했다. 낙성대역에는 장블랑제리라는 매우 강력한 베이커리가 있다는 것이다. 실제로 '서울 3대 빵집'을 검색하니 장블랑제리가 무더기로 나왔다.

파리바게뜨 낙성대점은 하필 장블랑제리와 유효수요가 겹쳤다. 영업력에서 다소 밀리는 프랜차이즈 베이커리로서는 한계가 있어 일 매출 170~190만 원으로 보였다.

커피전문점,
브랜드인가 입지인가?

낙성대역 상권의 남부순환로 남쪽엔 4개의 대형 커피전문점이 있다. 이런 커피 전문점은 입지에 따라, 그리고 브랜드에 따라 매출이 어떻게 달라질까?

★ 스타벅스 낙성대DT점

〈그림 3-8〉을 보면 가장 강력한 1인자는 스타벅스 낙성대DT점(D)이다. DT점 임에도 불구하고 주차장은 협소하다. 수십 명의 수강생들과 현장에 가서 입지 분석을 했는데, 승합차를 포함한 몇 대의 차를 댈 곳이 없어 힘들었던 기억이 선명하다. 그런데도 남부순환로변에서 DT점의 이점을 십분 발휘할 것으로 생각한다.

　전에 경기 남부지역에서 매물로 나온 스타벅스 DT점의 매출을 검토할 때 알게 된 바로는, 주차장을 제대로 갖춘 DT점은 일 매출이 600만 원에 달하는

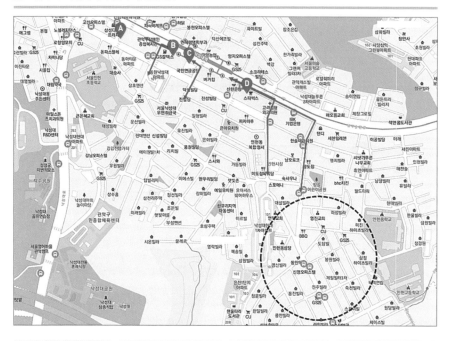

카페베네 낙성대역점
일 매출 90만 원

할리스커피 낙성대역점

투썸플레이스 낙성대역점
일 매출 160만~180만 원

스타벅스 낙성대DT점
450만~500만 원

곳도 더러 있었다. 그런 점포의 경우 DT점과 드라이브 인(drive in) 점의 장점을 모두 갖추고 300평 이상의 대지에 독채로 지어 널찍한 주차장과 여유로운 드라이브 스루 동선을 확보하고 있었다. 해당 지역의 차량 주동선상에 있는 것은 물론이다.

아무튼 스타벅스 낙성대DT점은 보행자 동선상으로 꽤 훌륭하다. 검은 점선 안의 주된 유효수요가 지하철을 이용할 때 지나는 주동선상에 있다. 이렇게나 풍부한 유효수요가 지하철을 탈 때마다 지나는 곳이니 워킹[walking, 업계 용어로 원래는 워크 인 게스트(walk in guest)가 정확한 표현이다.] 손님 또한 많을 곳이다.

종합하면, 스타벅스 낙성대DT점은 차량 통행이 풍부하고 주된 유효수요의 주동선상에 위치하며, 단점은 주차장이다. 매출은 어느 선일까? 하루 450만~500만 원으로 확신한다.

★ 투썸플레이스 낙성대역점 vs 할리스커피 낙성대역점

그렇다면 같은 대로변이지만 동선에 따른 유효수요가 월등히 적을 것으로 보이는 투썸플레이스 낙성대역점(C)과 할리스커피 낙성대역점(B)은 각각 얼마의 매출이 나올까? 투썸플레이스의 가맹점 평균 매출이 일 140만 원 정도인데, 해당 점포는 그 정도에 미칠까? 내가 투썸플레이스 매출을 제시한다면 독자 여러분들은 그 옆에 있는 할리스커피 낙성대역점의 예상 매출을 낼 수 있을까? 폐점을 하였지만 그 전의 카페베네 낙성대역점 매출도 알려드릴 테니 말이다.

투썸플레이스 낙성대역점은 지도상으로 얼핏 보기엔 그리 좋은 매출이 예상되진 않는다. 하지만 지하철역 앞 대로변이라는 장점이 있고 무엇보다 연면적 2,400평 정도의 업무시설 1층에 입점해 있다(그림 3-9). 커피전문점은 3,000평 정도의 업무시설 하나만 제대로 독점해도 기본 이상은 한다. 게다가 옆에도 절반 크기의 업무시설이 있고 지하철역 앞이라 유동인구도 제법 있다.

단점이라면 바로 옆 건물에 강력한 경쟁점인 할리스커피 낙성대역점이 버티고 있다는 것. 이런 상황을 종합하면 일 매출은 160만~180만 원으로 본다.

일반건축물대장(갑)			지상 10층에 지상 연면적만 2,400평이 넘는다
고유번호 1162010100-1-16590005	민원24접수번호 20190715-87860885	명칭 경동제약빌딩	호수/가구수/세대수 0호/0가구/0세대
대지위치 서울특별시 관악구 봉천동	지번 1669-5 외 2필지	도로명주소 서울특별시 관악구 남부순환로 1926	
※대지면적 1,363.7㎡	연면적 12,304.25㎡	※지역 준주거지역	※지구 중심지미관지구	※구역 지구단위계획구역
건축면적 806.47㎡	용적률 산정용 연면적 8,052.31㎡	주구조 철골조, 철골철근콘크리트	주용도 업무시설 외4	층수 지하 4층/지상 10층
※건폐율 59.14%	※용적률 590.48%	높이 40.06m	지붕 평스라브	부속건축물 동 ㎡
※조경면적	※공개 공지 공간 면적 ㎡	※건축선 후퇴면적 ㎡	※건축선 후퇴거리 m	

투썸플레이스 평균 매출보다는 약간 높을 것이 확실하다.

그렇다면 대로변이 아닌 입지의 카페베네 낙성대역점(A)의 매출은 어떨까? 일 매출이 90만 원이라는 자료가 있다. 브랜드 파워가 쇠락하면서 이보다 매출이 떨어져 폐점한 듯하다. 지금은 개인 브랜드가 그 자리에서 커피전문점을 운영하고 있다.

다시 앞으로 돌아가서, 할리스커피 낙성대역점의 매출은 얼마나 될까? 이는 독자 여러분들에게 생각할 거리로 남겨놓겠다. 주변의 매출을 다 알려드렸으니 여러분도 나도 예상치는 비슷할 것이다.

테이크아웃 커피전문점에
최적화된 입지는?

업무시설을 주된 유효수요로 하여 커피전문점을 오픈할 때는 매장 크기에 따라 입지 선정 포인트가 조금 달라진다. 투썸플레이스처럼 매장이 큰 형태의 커피전문점은 건물의 전면 대로변으로 입점하는 것이 맞다. 반면 저가 커피전문

☑ 그림 3-10 **선릉역 근처 대형 업무시설의 흡연 장소. 대로변인 테헤란로 쪽이 아니라 후면에 있다**

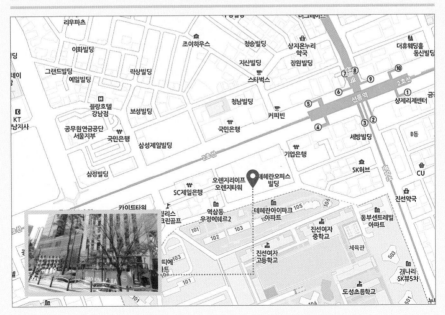

점은 그렇지 않다.

모든 업무시설이 금연구역이기 때문에 요즘은 외부에 흡연 장소를 설치한 경우가 많다. 이렇게 따로 설치한 흡연 장소는 건물 전면보다는 후면에 많다. 흡연자들은 근무 중간에 담배 한 대 피우며 저가 커피를 마시곤 하므로 비싼 전면 상가보다는 후면 흡연 장소 근처의 저렴한 상가가 더 적합한 입지일수 있다.

이 말은 후면이 좋다는 뜻이 아니라 흡연자들이 모이는 곳을 골라야 한다는 의미다. 그리고 대개 그런 곳은 큰 건물의 경우 건물 뒤편이다.

낙성대역 남부 상권의 편의점 & 치킨점

★ **세븐일레븐 봉천제일점 vs GS25 낙성대동점 vs CU 낙성대역점**

앞에서 편의점 입지를 분석하며 안쪽 자리가 좋은 경우, 큰길가 쪽이 좋은 경우 등 다양한 이야기를 했다. 이번 장에도 대로변이 좋은 경우와 이면 안쪽이 좋은 경우가 나온다. 또 그리 알려진 브랜드는 아니지만 평소 점포개발을 참 잘한다고 생각하는 가마로닭강정과 토종 치킨 브랜드 BBQ치킨과의 경쟁관계에 따른 매출도 따져볼 것이다.

일단 〈그림 3-11〉에서 낙성대역 남부 상권의 편의점을 보자. 세븐일레븐 봉천제일점(C)은 대로변에서 보이는 입지라는 장점이 있다. 하지만 정확한 위치는 낙성대역 2번 출구와 3번 출구 사이의 골목이다. 코너에는 커피전문점이 있고 그 다음 칸이 바로 이 점포다. 이런 입지는 대로변 유동인구가 모르고 지나치기 쉽다. 그러나 대로변에 있는 대형 업무시설에서 근무하는 사람들에게는

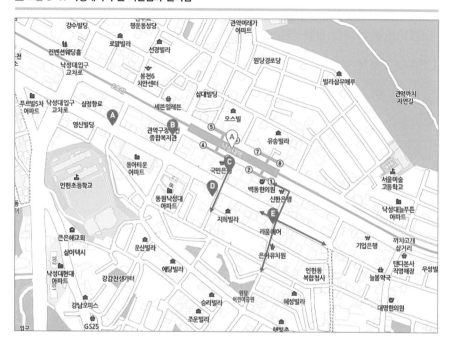

BBQ치킨 행운점
일 매출 100만~130만 원

가마로닭강정 낙성대역점
일 매출 100만~130만 원

세븐일레븐 봉천제일점
일 매출 150만 원

GS25 낙성대동점
일 매출 200만 원

CU 낙성대역점
일 매출 270만 원

접근성이 좋다.

　문제는 안쪽 유효수요가 많을 경우 안쪽에 경쟁점이 들어올 때다. 해당 점포는 유동인구만 많고 정작 안쪽 점포가 내실 있는 점포가 될 위험이 있다.

　편의점 입지는 안쪽이 좋은 경우가 있고 대로변이 좋은 경우가 있다. 그렇다면 세븐일레븐 봉천제일점과 GS25 낙성대동점(D) 간의 매출은 어떻게 다를까? GS25 낙성대동점의 유효수요는 안쪽으로 제법 깊다. 세대 수가 많다. GS25 낙성대동점은 지하철역 앞의 수요는 포기하고 안쪽 수요만 확실히 잡겠다는 의도로 입점한 것이다.

　GS25 낙성대동점의 일 매출은 200만 원 전후로 본다. 이는 분명 세븐일레븐 봉천제일점보다 높은 수준으로, 세븐일레븐 봉천제일점은 이보다 20% 적은 하루 150만 원 정도일 것이다.

　그렇다면 지하철역에서 해당 점포에 이르기까지 별다른 경쟁점이 없으며 이면 골목에 위치한 CU 낙성대역점은 어떨까? 물론 경쟁점이 있으나 경쟁점이 너무 안쪽이라 유효수요는 그리 크지 않다. 이런 경우는 그나마 대로변인 CU 낙성대역점(E)의 매출이 더 우세하다. 내가 관악구 점포개발을 담당하던 때도 이 점포는 높은 매출로 유명한 곳이었다. 하루 270만 원 전후로 본다. 동선과 안쪽 유효수요와의 관계 등 모든 것이 잘 갖춰진 입지다.

⭐ BBQ치킨 행운점 vs 가마로닭강정 낙성대역점

자, 드디어 여러분이 애정하시는 치킨점에 대해 말할 차례다. BBQ치킨과 가마로닭강정 중 여러분은 어느 브랜드에 더 친숙한가? 저녁에 맥주 한잔하러 치킨을 구매한다면 둘 중 어느 브랜드의 것으로 하겠는가? 각자의 취향은 다 다르겠지만, 그래도 인지도는 BBQ치킨이 훨씬 높은 브랜드라고 생각한다. 하지만 가마로닭강정의 점포개발, 점포전개 방식에는 경의를 표한다. 무리한 점포확장을 자제하는 대신 매장 하나하나가 전부 괜찮은 입지를 점하고 있다. 지금부터 소개할 가마로닭강정 낙성대역점처럼 말이다.

〈그림 3-11〉을 보면, 가마로닭강정 낙성대역점(B)은 낙성대역 4번 출구 앞 대로변 코너에 위치한다. 1번 출구에 비해 유효수요와 유동인구가 적다. 안쪽 유효수요가 이 업종에 필요한 세대 수보다 적을 때는 대로변을 공략하고, 많을 때는 안쪽을 공략하는 것이 입지 선정에 성공하는 포인트 중 하나다. 그리고 치킨점은 필요 세대 수가 편의점보다 많다. 편의점은 700세대를 독점할 때 일 매출 150만 원 정도는 나오기에 그럭저럭 먹고 살 순 있다. 치킨점은 이 정도의 세대 수로는 매우 부족하다. 그래서 세대 수가 부족하면 대로변 입지로 나와 안쪽 유효수요와 대로변의 유효수요를 모두 잡는 전략이 필요하다.

BBQ치킨 행운점(A)은 이 지역 대형 커피전문점 중 가장 매출이 적었던 곳의 옆에 위치해 있다. 입지의 가치는 거의 차이가 없다. 하루 90만 원을 팔다가 급격한 매출 하락에 폐점한 카페베네 낙성대역점의 옆자리다. BBQ치킨 행운점의 일 매출은 100만~130만 원으로 예상한다. 치킨집이지만 카페형으로 운영 중이라 주류 매출이 가능해 폭을 넓게 잡았다.

대로변도 아니고 좌석도 변변치 않지만 가마로닭강정의 매출도 이와 같을 것으로 본다. 배달을 하지 않는 치킨점 창업을 계획하고 있다면 가마로닭강정 낙성대역점의 입지 선정에서 한 수 배우자. 물론 배달 전문이라면 더 많은 월세를 내고 굳이 이런 자리에 들어올 필요가 없다.

서울대입구역

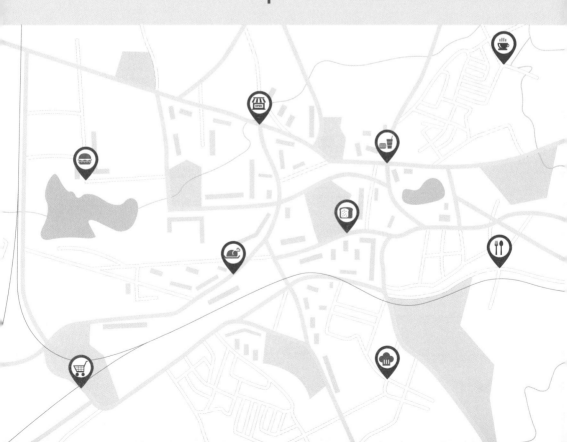

화장품이 잘 팔리는
가성비 좋은 투자지역

한국미니스톱 점포개발본부에서 일하던 시절, 첫 우수사원상을 받았을 때 내 담당지역이 관악구였다. 그래서 이 지역은 속속들이 안다.

당시 서울대입구역 주변 유동인구를 조사하면 유난히 20~30대 비중이 높았다. 지방에서 상경해 지하철을 이용해 강남권으로 출퇴근하는 직장인들이 유난히 많았던 곳이기도 하다. 아무래도 강남권은 주택 가격이 비싸니 2호선 라인인 관악구로 거주지를 잡지 않았겠나.

그런 면에서 중저가 화장품점 입지로 관악구, 그중에서도 서울대입구역 주변만큼 좋은 곳도 드물다. 관악구 특성상 임대료가 서울의 메이저 상권만큼은 하지 않겠지만, 매출은 그리 뒤떨어지지 않는다는 의미다. 한 마디로 '가성비' 좋은 투자지역이다.

이니스프리 관악중앙점	에뛰드하우스 관악점	아리따움라이브 서울대점	이니스프리 서울대입구2호점
일 매출 200만 원	일 매출 300만~350만 원	일 매출 250만 원	일 매출 250만 원

⊛ 에뛰드하우스 관악점 vs 이니스프리 관악중앙점

〈그림 4-1〉을 보면 서울대입구역을 중심으로 북쪽 버스정류소 앞에 에뛰드하우스 관악점(B), 바로 옆 건물에 보다 면적이 큰 이니스프리 관악중앙점(A)이 있다. 중저가 화장품 시장은 최근 인터넷과 헬스 & 뷰티 스토어인 올리브영 등에 시장을 많이 내어준 데다 코로나 악재까지 겹치며 시장이 상당히 위축되어

있다. 그 전까지만 해도 일 매출 100만 원 정도를 기본으로 보았다. 이때 적정한 월세는 200만 원, 점주 수익은 300만~400만 원 정도다.

거듭 말하지만 이 책에서 언급하는 매출은 시간이 좀 지난 것이 많다. 그럼에도 대부분 매장의 매출은 크게 변동이 없다. 다만 중저가 화장품업계는 좀 다르니 이 점은 독자 여러분의 양해를 구한다. '몇 년 전 이만큼 팔았다' 정도로 이해해주시면 감사하겠다.

에뛰드하우스 관악점 매출은 하루 300만 원, 매출이 좋은 달에는 평균 일 매출로 350만 원을 넘기기도 했다. 이니스프리 관악중앙점의 일 매출도 200만 원을 조금 넘는 정도로 추정한다. 월 매출 6,000만 원이면 임대료를 차감하기 전 점주의 수익은 월 1,000만 원을 상회한다. 물론 브랜드마다 다르다. 아리따움과 같은 종합화장품은 마진이 적고 에뛰드하우스와 같은 자기 브랜드 상품만 취급하는 곳은 더 높다. 또 사은품 등을 얼마나 지급하느냐에 따라 손익이 달라질 수 있다. 그럼에도 일 매출 200만 원이면 업계에선 양호한 것으로 간주한다.

그러면 이 주변의 상가 임대료는 높을까? 그렇지는 않을 것으로 예상한다. 에뛰드하우스 바로 옆 이디야커피 서울대입구점의 일 매출이 60만~70만 원 정도에 불과하기 때문이다. 이 정도면 월세로 200만 원만 내도 가맹점주 수익이 좋은 편이 아니다. 임대료 시세가 그리 높지 않음을 짐작할 수 있는 대목이다.

⭐ 아리따움라이브 서울대점 vs 이니스프리 서울대입구2호점

서울대입구역 남쪽의 아리따움라이브 서울대점©과 길 건너 이니스프리 서울대입구2호점(D)의 매출도 알아보자. 두 곳 모두 하루 250만 원 안팎으로 파악되나 굳이 따지자면 아리따움이 10% 더 높을 것으로 본다. 이 정도면 두 점포 모두 기본 매출의 3배를 파는 셈이다. 아리따움라이브 서울대점과 같은 건물에 입점한 CU 서울대스위티점이 하루 200만 원 선인 점을 감안하면 상당히 높은 매출이다. 물론 편의점의 일 매출이 200만 원이라면 적지 않은 액수다. 하지만 비코너 입지에서 코너의 편의점 매출을 넘는다는 건 업종과 상권의 성격이 잘 맞기 때문이라고 생각한다.

참고로 같은 건물 2층의 투썸플레이스 서울대입구역점에 대해 알아보자. 2층인데도 불구하고 하루 300만 원 정도의 매출을 올리고 있다. 투썸플레이스 평균 매출의 2배에 가까운 수준이다. 2층에서 2배의 매출이라니 놀랍기만 하다. 이 건물에 입점한 편의점과 커피전문점 모두 매출이 높은 것으로 보아 아리따움라이브 서울대점은 입지도 좋고 상권 성격도 중저가 화장품점과 잘 맞아떨어진 사례라 할 수 있겠다.

가장 좋은 입지는 출구 앞이 아니라
첫 번째 코너

한때 프랜차이즈 창업 시장이 뜨거울 때 가장 인기를 몰았던 업종이 카페와 베이커리, 그리고 아이스크림점이 아닐까 한다. 이런 인기 프랜차이즈가 서울대입구역 상권에선 어떤 매출을 보일까?

그리고 비슷한 입지에 있는 롯데리아와 신선설농탕의 매출도 비교해보자.

⭐ 탐앤탐스 서울대입구점 vs 할리스커피 서울대사거리점

앞서 투썸플레이스 서울대입구역점의 매출을 언급했다. 그렇다면 같은 지하철역 출구를 나와 이용하게 되는 탐앤탐스 서울대입구점(A)의 매출은 어떨까?

탐앤탐스 서울대입구점은 2층이라는 핸디캡이 있다. 앞서 언급한 투썸플레이스 서울대입구점과 같다. 그렇지만 지하철역에서는 더 가깝다. 그런데 매출은 오히려 투썸플레이스 서울대입구점의 절반 정도인 하루 110만~130만 원

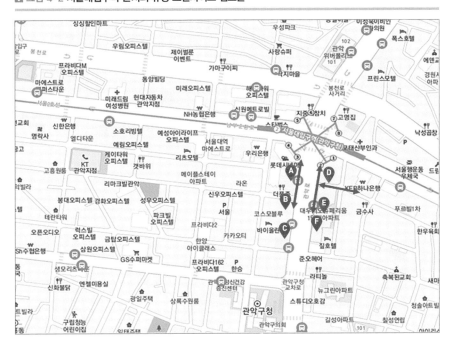

탐앤탐스 서울대입구점
일 매출 110만~130만 원

롯데리아 서울대입구역점
일 매출 200만 원

신선설농탕 서울대역점
일 매출 450만~500만 원

할리스커피 서울대사거리점
일 매출 200만~250만 원

파리바게뜨 샤로수길점
일 매출 270만~300만 원

이디야커피 관악구청점
일 매출 70만~80만 원

으로 추정된다. 이 차이는 브랜드에서 나오는 것일까? 커피전문점에 대한 고객들의 기호 차이가 이렇게 큰 차이를 만들어냈을까? 나는 아니라고 본다.

지하철역 출구 바로 앞은 좋은 입지가 맞지만 기대만큼은 아니다. 사실 역세권 상권에서 가장 좋은 입지는 출구 앞이 아니라 첫 번째 코너다. 또한 코너를 낀 안쪽 골목의 유효수요를 잡을 수 있느냐 없느냐가 큰 매출 차이를 보인다. 뿐만 아니라 코너 자리가 주는 가시성도 결코 무시할 수 없다.

점포개발을 하던 2003년 당시 사당역 5번 출구 바로 앞에 미니스톱 남현점을 오픈한 적이 있다. 유동인구가 넘쳐나는 화려한 유흥 상권의 코앞 자리이니만큼 어마어마한 매출을 기대했다. 그러나 막상 뚜껑을 열어보니 기대했던 만큼 좋은 매출이 아니었다. 당시로서는 꽤 높은 200만 원대 중반의 일 매출을 기록하긴 했으나 점포개발 담당이었던 내가 기대했던 만큼은 아니었다. 인근의 경쟁점이 전국 상위 매출을 보이는 것이 한없이 부럽기만 했다. 〈그림 4-3〉이 당시 미니스톱 남현점 사진이다.

🔽 그림 4-3 사당역 5번 출구 앞의 미니스톱 남현점

탐앤탐스 서울대입구점을 보면 사당역 5번 출구 코앞의 미니스톱 남현점이 떠오른다. 입지 성격이 너무나 닮아 있다. 그래서 좀 뜬금없지만 당시 점포개발 담당을 하며 뼈에 각인되도록 배운 사례를 제시한 것이다. 나는 현장에서 이런 사례들을 겪으며 입지분석에 잔뼈가 굵었다.

그렇다면 탐앤탐스 서울대입구점 바로 맞은편에 있는 할리스커피 서울대사거리점(D)의 입지는 어떨까? 지하철역 출구 코앞 자리라는 공통점이 있지만 할리스커피 서울대사거리점은 코너 입지에 있다. 게다가 탐앤탐스 서울대입구점처럼 같은 동선상에 경쟁점이 있는 것도 아니다. 유사 점포로 이디야커피와 파리바게뜨가 있지만 완전히 같은 업종이라 하긴 어렵다.

할리스커피 서울대사거리점의 일 매출은 탐앤탐스 서울대입구점의 2배인 220~250만 원으로 추정한다. 아무리 탐앤탐스 서울대입구점보다 경쟁 강도가 낮다 해도 놀라운 매출이다. 이것이 바로 입지의 힘이고, 코너와 비코너의 차이다. 이 차이를 느낄 수 있도록 파란색으로 동선을 표시했다. 다시 한 번 강조하면, 지하철역 출구 앞의 첫 번째 코너가 가장 선호되는 입지다. 이면 안쪽의 유효수요까지 잡을 수 있어 높은 매출을 보인다.

⭐ 파리바게뜨 서울대샤로수길점 vs 이디야커피 관악구청점

서울대입구역 2번 출구 동선에는 파리바게뜨 서울대샤로수길점E)과 이디야커피 관악구청점(F)이 있다. 파리바게뜨와 이디야커피 모두 주상복합 세대를 유효수요로 갖고 있다. 그런데 투자나 창업의 초보, 심지어 점포개발 담당들도 걸음마 단계일 때는 쉽게 속는 것 중 하나가 주상복합이다. 일단 건물을 멋들어지게 지어놓았다. 그러나 건축물대장이나 인터넷 포털 사이트에서 세대 수를 검색해보면 바로 한계가 드러난다. 일산이나 분당 신도시 등의 초대형 오피스텔이 아니라면 주상복합 세대의 수요만으로 장사가 잘되는 곳은 거의 없다.

그러니 파리바게뜨 서울대샤로수길점과 이디야커피 관악구청점 모두 매출이 높지는 않을 것이다. 베이커리는 2,000세대의 유효수요가 확보돼야 일 매출 200만 원이 가능하다고 하니 해당 주상복합 세대 수로는 1/10도 충족시키지 못한다. 다만 지하철역 앞이므로 많은 유동인구, 주변의 크고 작은 상가, 업무시설로 인한 매출은 어느 정도 있을 것이다.

조사한 바로는 파리바게뜨 서울대샤로수길점의 일 매출을 270~300만 원으로 보인다. 주상복합 세대 수로만은 절대 나올 수 없는 수치다. 그리고 보행자 동선에서 쑥 들어가 있다. 하지만 매출에는 영향을 미치지 않았다. 가맹본부

⬇ 그림 4-4 **파리바게뜨 서울대샤로수길점 & 이디야커피 관악구청점**

가 일정 거리 내에서 동일 가맹점을 내주지 않아 경쟁점이 없는 덕도 보았을 것이다.

이디야커피 관악구청점은 일 매출이 70~80만 원으로 추정된다. 이디야커피의 가장 기본적인 매출이다. 저가 커피전문점을 창업하려는 분에게 이런 입지면 딱 기본 매출이 나온다고 알려드리고 싶다.

⭐ 신선설농탕 서울대역점 vs 롯데리아 서울대입구역점

상권분석에 한창 재미를 붙여가던 때 너무나 큰 의문을 던져준 브랜드가 있다. 홍대입구역 그 화려한 상권의 역 앞 대로변 코너에 떡하니 자리 잡은 신선설농탕이었다(그림 4-5). 거의 모든 유통회사의 점포개발 담당들이 노리던 자리로, 임대료가 맞지 않아 입점을 못하고 있는데 어떻게 설렁탕집이 들어왔는지 의문이었다.

서울대입구역도 서울에서 임대료가 비싼 곳 가운데 하나인데 마당이 있는 넓은 대지의 1층에 신선설농탕 서울대역점(C)이 자리하고 있다. 그 옆 신축 건물 1층에는 롯데리아 서울대입구역점(B)이 입점해 있다.

롯데리아 낙성대역점을 기억하는가? 일 매출을 130만 원으로 추정했다. 그렇다면 롯데리아 서울대입구역점의 일 매출은 얼마일까? 조사를 해보니 200만 원이라는 계산이 나왔다. 대형 규모로 입점하는 맥도날드와 달리 중급 규모의 롯데리아는 일 매출이 적게는 200만 원, 많게는 300만 원이다. 그런 면에서 롯데리아 서울대입구역점의 매출은 높은 편이 아니다.

반면 바로 옆의 신선설농탕은 일 매출이 450만~500만 원 수준이다. 1억

약 5년간 영업 후 대형 의류점에 자리를 내주고
인근 이면 자리로 이전했다.

3,000만 원이 넘는 월 매출에 근거해 산출하면 1,500만 원의 월세가 가능하다.
가맹점주는 월세를 내고도 월 수입 2,000만 원 이상을 얻을 수 있다. 기회가 되
면 신선설농탕의 고매출 비결을 제대로 조사해보고 싶다.

이디야커피와
빽다방이 대결하면

이디야커피 서울대중앙점은 남부순환로변의 대로에 위치하고 면적도 30평 정도로 일반적인 이디야커피 매장보다 넓다. 하지만 대로변이라도 규모 있는 업무시설과는 거리가 있다. 빽다방 서울대메트로빌점 역시 대로변에 위치하고 서울대입구역 출구에서 100m도 채 안 되는 지점에 있다(그림 4-6). 이 두 곳의 매출을 알아보자.

우선 이디야커피 서울대중앙점은 낙성대역의 투썸플레이스와 비교해볼 만하다. 투썸플레이스 낙성대역점은 연면적 8,000㎡가 넘는 업무시설 1층에 위치하고 건물 내 유효수요가 상당하다. 이에 비해 이디야커피 서울대중앙점은 주변에 업무시설이 더러 있으나 규모가 크지 않다. 지하철역과의 거리도 이디야커피가 열세다.

투썸플레이스 낙성대역점의 일 매출은 160만~180만 원으로 보인다. 그렇다면 이디야커피 서울대중앙점의 일 매출은 얼마로 추정할 수 있을까? 현장

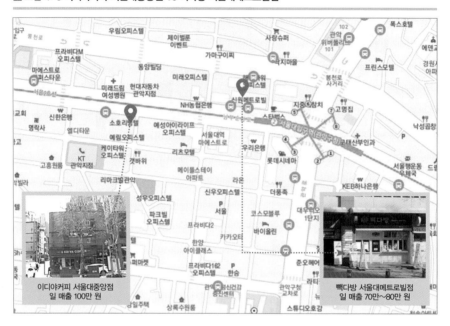

이디야커피 서울대중앙점
일 매출 100만 원

빽다방 서울대메트로빌점
일 매출 70만~80만 원

조사를 하고 여러 인터뷰를 통해 알아본 바로는 100만 원을 약간 상회한다. 이디야커피 평균 매출보다 다소 높다.

그렇다면 이디야커피보다 더 저가로 커피를 제공하는 빽다방은 어떨까? 빽다방 서울대메트로빌점에도 테이블이 마련돼 있지만 커피전문점만의 아늑한 분위기는 찾아볼 수 없다. 특히 저가의 커피를 팔면서 테이블까지 제공한다면 과연 수익성이 있을지 진작부터 의문이었는데, 그 옆에 더벤티라는 유사 콘셉트의 경쟁점까지 있다(그림 4-7).

경쟁점이 입점하기 쉬운 구조는 소형 저가 커피전문점의 가장 큰 적이다. 작은 면적, 적은 투자로 오픈이 가능하니 어디든 쉽게 경쟁점이 생기기 십상이다. 그러니 이런 업종은 확실한 1입지 점포를 구해야 한다. 경쟁이 있다 해도 절대

우위를 점할 입지가 필요하다.

빽다방 서울대메트로빌점의 일 매출은 70만~80만 원으로 추정된다. 별 재미는 없지만 그렇다고 문 닫을 정도는 아닌 수준일 것이다.

편의점은 원룸촌,
베이커리는 아파트촌

상권은 보통 주거지 상권, 업무시설 상권, 유흥 상권, 특수 또는 복합 상권 정도로 분류된다. 하지만 점포개발을 하는 업계에선 이처럼 허술하게 분류하지 않는다. 주거지만 해도 단독·다세대 주택 밀집 상권, 아파트 밀집 상권, 원룸·오피스텔 밀집 상권 등으로 분류하는 것이 기본이다.

그렇다면 유효수요별 소비 특성을 고려했을 때 파리바게뜨와 배스킨라빈스는 어떤 상권에 입점해야 좋을까?

사실 파리바게뜨 서울대입구역점이 간판을 올리기 전에 그 자리엔 미니스톱 서울대역점이 있었다. 일 매출은 200만 원대 후반으로 미니스톱 점포 중 관악구 1등이었다. 전국에서도 상위 10위 안에 들었던 것으로 기억한다. 그만큼 장사가 잘되는 곳이었다. 이유가 뭘까?

편의점은 다세대주택이나 원룸 밀집지역에서 장사가 잘된다. 아파트보다는 이들 지역의 매출이 더 좋다. 요즘은 편의점이 발전을 거듭하며 다양한 제품과

다세대 · 단독 주택 밀집지역

배스킨라빈스 서울대입구역점
일 매출 160만 ~ 180만 원

파리바게뜨 서울대입구역점
일 매출 200만 원

서비스 개발로 아파트 밀집지역에서도 영업이 꽤 잘되는 편이다. 하지만 10년 전만 해도 전혀 그렇지 않았다. 일단 아파트 상권엔 경쟁점인 20평 전후의 슈퍼마켓이 많이 생기고 술과 담배 판매 비중이 현저히 떨어진다.

하지만 베이커리라면 얘기가 달라진다. 일단 베이커리는 다세대주택보다는 아파트 밀집지역, 그중에서도 새 아파트가 많은 곳이 확실히 매출이 좋다. 빵이라는 상품 자체가 미성년 자녀를 둔 세대가 많은 곳에서 잘 팔리고, 생활습관의 차이도 한몫하지 않나 싶다.

편의점을 하다 베이커리로 업종이 바뀌면 매출이 상승하는 곳도 있고 그렇지 않은 곳도 있다. 신도시의 어느 상가는 편의점이 입점했다면 일 매출이 200만 원에 그쳤겠지만 파리바게뜨가 입점해 350만 원이 넘는 매출을 올리고 있다. 물론 파리바게뜨는 거들떠보지도 않을 입지인데 편의점은 준수한 매출을 올리고 있는 곳이 더 흔하다. 그리고 그런 곳은 대개가 다세대주택이나 원룸 밀집지역에 있다.

〈그림 4-8〉의 파리바게뜨 서울대입구역점의 일 매출은 200만 원 정도로 추정한다. 평균 200만 원에서 10% 이내의 오차를 보일 것이다. 바로 옆에 붙어 있는 배스킨라빈스는 160만~180만 원 정도로 추정한다. 파리바게뜨와 배스킨라빈스 모두 편의점을 넘지 못했다. 그러나 배스킨라빈스의 경우 200만 원을 넘는 곳이 흔치 않다는 점을 감안하면 이 정도도 나쁘지 않다. 반면 편의점 매출을 감안하면 파리바게뜨는 한참 실망스러운 매출이라 하겠다.

일 매출이 똑같이 200만 원이어도 파리바게뜨의 손익과 편의점의 손익은 다를 수 있다. 하지만 편의점의 경우 하루 200만 원 정도의 매출이면 본부로부터 제법 괜찮은 장려금을 받을 수 있다. 또한 시설, 집기, 인테리어 일체를 지원해주기 때문에(이는 매출과 상관없다) 투자금도 적다. 반면 파리바게뜨는 그런 것이 없지 않나. 투자금은 높아지고 매출은 미니스톱 때보다 줄어 가맹점주의 수입이 별로 나아진 게 없을 것으로 생각되는 사례다.

창업자에게는 내가 계획한 업종으로 어떤 성격의 상권에 입점할지, 상가 임대인에겐 어떤 업종을 유치해야 더 나은 임대료를 받을 수 있을지 알려주는 좋은 사례가 되리라 생각한다.

월 매출 6,000만 원에
월세 100만 원이 가능한 곳

앞서 서울대입구역의 중저가 화장품점 매출을 이야기할 때도 관악구의 특징에 대해 언급했는데, 관악구라는 지역의 특징이 서초구나 강남구에 비하면 임대료가 현저히 저렴하고, 상권 특성상 저가 상품이 잘 팔린다.

그런 점은 편의점에도 비슷하게 적용된다. 이면의 골목 안쪽 월세가 100만 원 초반인데 일 매출은 200만 원에 육박하는 곳이 더러 있다. 내가 점포개발을 성공시킨 곳도 물론 있다.

〈그림 4-9〉를 보자. 서울대입구역 사거리 북쪽 상권에 있는 편의점들은 유효수요가 한정적이라는 단점이 있다. 지도에서 보듯이 남쪽으로는 남부순환로, 북쪽으로는 봉천로에 의해 단절돼 있다. 검은 점선은 이를 나타낸 것이다.

이 같은 상권의 편의점이라면 자체 유효수요를 충분히 갖추든지 완전한 주동선상에 있어야 제대로 된 매출이 나온다. 여기서 주동선이란 검은 점선 안 유효수요의 주동선이 아니라, 봉천로 건너 북쪽의 유효수요가 지하철을 이용

⬇ 그림 4-9 서울대입구역 사거리 북쪽 상권의 편의점들

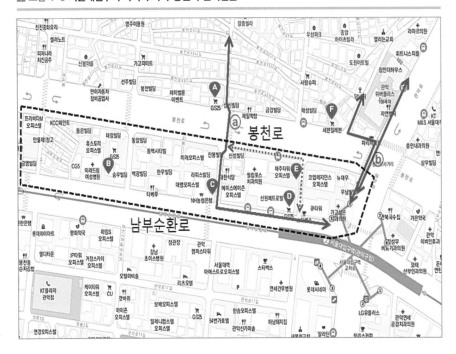

GS25 관악한빛점
일 매출 220만~240만 원

GS25 관악플러스점
일 매출 130만~150만 원

CU 관악한울점
일 매출 230만~250만 원

GS25 봉천메트로점
일 매출 350만 원

세븐일레븐 봉천해주점
일 매출 200만 원

세븐일레븐 서울대입구역중앙점
일 매출 150만~170만 원

할 때의 주동선을 말한다.

⭐ GS25 봉천메트로점

그렇다면 검은 점선 안과 봉천로 북쪽변에 있는 편의점들의 매출은 어떨까? 우선 GS25 봉천메트로점(D)을 살펴보자. 지하철역 앞 첫 번째 코너 자리다. 역 앞 대로변이면 업무시설과 주상복합, 원룸형 오피스텔이 혼재하게 마련인데, 이들 유효수요가 지하철을 이용한다면 GS25 봉천메트로점 앞을 지나게 돼 있다. 높은 매출이 예상되는 입지다. 게다가 GS25는 주거지 상권에서 매출이 특히 높다. 상품 구색과 영업력에서 강한 이 브랜드가 역 앞 첫 번째 코너의 주동선상에 위치한다면 괜찮은 매출을 보일 것이다. GS25 봉천메트로점의 일 매출은 350만 원을 조금 넘을 것으로 본다.

⭐ 세븐일레븐 봉천해주점

이번에는 세븐일레븐 봉천해주점(E)을 보자. 그런데 나는 왜 세븐일레븐 봉천해주점 앞의 동선을 점선으로 표시했을까? 이곳은 남부순환로변에서는 이면에 위치한다. 즉 지하철을 타려는 동선에서 떨어져 있어 역세권 효과를 기대할 수 없다. 또한 봉천로 북쪽의 풍부한 유효수요의 지하철 이용 동선을 횡단보도 ⓐ와 ⓑ로 모두 빼앗기는 형국이다.

이와 같은 입지는 자체수요라 할 정도의 큰 건물을 끼고 있어야 한다. 지도상 인근의 두어 개 필지 거주자들만 세븐일레븐 봉천해주점을 이용하러 올 것

으로 보이기 때문이다. 다행히 세븐일레븐 봉천해주점은 443세대의 오피스텔을 배후로 끼고 있다. 섬처럼 동떨어져 있어 외부 유효수요의 동선을 잡지 못하는 곳이지만, 가까운 유효수요가 받쳐준다면 이야기는 달라진다.

그런데 이상한 점이 있다. 내 나름대로의 방법으로 조사했는데 일 매출이 200만 원 미만으로 나왔다. 400세대가 넘는 주거용 오피스텔이 있다면 세대당 매출이 최소한 4,000원은 나오기에 오피스텔에서만 하루 180만 원에 가까운 매출이 나와야 한다.

이 주거용 오피스텔 유효수요의 생활 동선이 GS25 봉천메트로점과 겹친다. 그리고 앞서 언급한 대로 주거지에선 GS25의 영업력이 확실히 앞선다. 그러다 보니 세븐일레븐 봉천해주점의 매출 일부를 GS25 봉천메트로점에 빼앗긴 것으로 보인다.

⭐ 세븐일레븐 서울대입구역중앙점 vs GS25 관악한빛점

이번에는 봉천로 북쪽변의 두 편의점 매출을 비교해보자. 두 점포 모두 봉천로 변에 있어 서울대입구역의 역세권 상권 효과는 다소 떨어진다. 다만 북쪽의 풍부한 유효수요의 동선이 서울대입구역으로 향할 때 이 두 점포를 지난다. 이 두 점포의 입지를 분석하는 핵심은 동선 분석이라는 의미다.

〈그림 4-11〉을 보자. 세븐일레븐 서울대입구역중앙점(오른쪽)은 지하철역에서 나와 봉천로를 건너는 횡단보도에서 많이 떨어져 있다. 점포 앞을 지날 유효수요는 봉천로를 건너서 좌회전을 하여 해당 점포를 지나쳐 북쪽으로 올라갈 사람들이다. 아무래도 유효수요가 적고 이로 인해 유동인구도 적다. 이러한

◪ 그림 4-11 **GS25 관악한빛점 vs 세븐일레븐 서울대입구역중앙점**

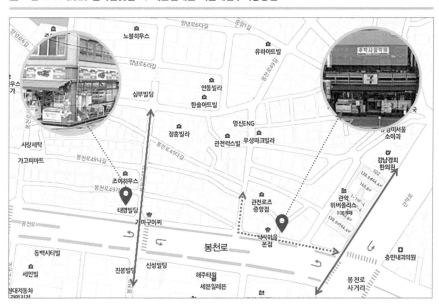

입지라면 일 매출은 150만~170만 원이 아닐까 생각한다. 그나마 인근에 경쟁점이 적기 때문에 가능한 액수다.

반면 GS25 관악한빛점(왼쪽)은 북쪽 유효수요의 주동선을 제대로 물고 있다. 해당 점포의 북쪽에 있는 다세대주택 거주자들이 지하철을 이용할 때는 반드시 이 앞을 지난다. 북쪽으로 어느 정도 들어가면 경쟁점이야 있겠지만, 대로변에 있으며 안쪽 유효수요의 동선상에 있다는 장점이 뚜렷하다. 이는 분명 세븐일레븐 서울대입구역중앙점과 대비되는 강점이다.

세븐일레븐 서울대입구역중앙점의 일 매출이 150만~170만 원이라면 GS25 관악한빛점의 매출은 어느 정도로 보면 맞을까? 나는 이 점포가 세븐일레븐 서울대입구역중앙점보다 적어도 하루에 50만 원은 더 팔 것으로 본다. 일 매출을 220만~240만 원으로 예상한다.

⊛ CU 관악한울점 vs GS25 관악플러스점

남부순환로변의 CU 관악한울점(C)과 GS25 관악플러스점(B)은 지도(그림 4-9)만 봐도 어느 쪽이 강자일지 쉽게 알 수 있다. CU 관악한울점은 역에서 좀 더 가깝고 횡단보도를 건너는 북쪽의 유효수요도 붙잡기 용이한 입지에 있다. 뿐만 아니다. 역에서 멀어질수록 오피스텔, 업무용 빌딩의 크기가 작아져 밀도 있는 유효수요가 별로 없는 것도 한몫한다.

GS25 관악플러스점이 인근에 특이할 정도의 유효수요를 갖고 있지 않다면 CU 관악한울점의 매출이 높을 수밖에 없는 입지다. 그리고 그 매출이 높다 해도 지금 말하는 원리가 그대로 적용돼 GS25 봉천메트로점보다는 높을 수가 없을 것이다.

부동산 공법의 하나인 용도지역 이야기를 하려니 좀 두렵다. 상권분석 공부를 하려는 분들에게 이 어려운 이야기를 꺼내려니 말이다.

앞서 낙성대역의 GS25 행운중앙점을 기억하는가? 준주거지역에 있어 인근 일반주거지역에 있는 점포보다 유효수요의 밀도가 높아 매출이 높다고 했다. 그런데 용도지역엔 준주거지역보다 높은 것이 있으니 바로 일반상업지역이다.

〈그림 4-12〉를 보자. CU 관악한울점은 준주거지역에 있지만 좁은 도로를 끼고 일반상업지역과 맞닿아 있다. 일반상업지역의 풍부한 유효수요가 이용하기에 편리한 입지다.

반면 GS25 관악플러스점은 일반상업지역에 비해서는 열세한 준주거지역이라는 한계가 있다. 게다가 코너 점포가 아니기에 골목길 안쪽의 유효수요를 잡

⬇ 그림 4-12 GS25 관악플러스점 vs CU 관악한울점

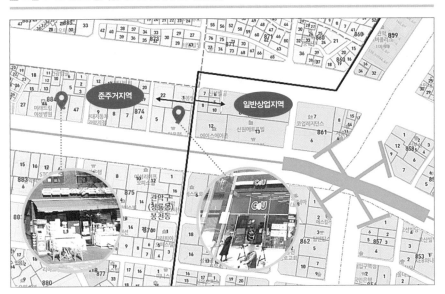

기에도 부족하다. 맞은편에 횡단보도도 없으니 지나다니는 유동인구 또한 제한적일 수밖에 없다.

CU 관악한울점은 230만~250만 원의 일 매출이 예상된다. GS25 봉천메트로점보다는 낮지만 상위 10% 이내에 들 우수한 실적이다. 반면 GS25 관악플러스점은 일 매출 130만~150만 원을 예상한다. 이 정도면 최저 임금인상으로 인해 폐점 협의가 오갈 가능성이 크다. 만약 폐점에 이른다면, 일 매출 130만~150만 원의 절반 가까이가 CU 관악한울점의 매출로 흡수될 가능성이 크다.

비좁고 후미진 곳에
의외의 가치가 있다

점포개발을 할 때 입지 선정을 두고 참 많은 다툼들이 있다. 담당이 생각하는 예상 매출과 팀장이 생각하는 예상 매출이 다를 수도 있고, 담당이 보는 1입지와 팀장이 보는 1입지가 달라 이견이 생기기도 한다.

　이러한 티격태격(?)을 통해 실력이 쌓이는데 그중 하나가 대로변과 이면 안쪽 입지에 대한 이해가 아닐까 한다. 보통 개발 신참들은 무조건 대로변의 번듯해 보이는 자리를 선호하는데, 이런 곳은 대개 임대료가 비싸다. 또한 이면 안쪽에 경쟁점이 생기면 매출이 반 토막 나기 일쑤다. 또 경력이 좀 붙으면 이면 안쪽 자리를 공략한답시고 막무가내로 오픈을 했다가 매출이 저조해서 고생을 하기도 한다.

　그래서 지금부터 말씀드리는 내용은 이면 안쪽 점포가 어느 정도의 유효수요를 가졌을 때 얼마만큼의 매출이 나온다는 지표로 삼으면 좋을 것 같다. 상가건물이 얼마나 비싼 부동산인가. 갖고 싶고 탐이 나지만 소유하기 쉽지 않은

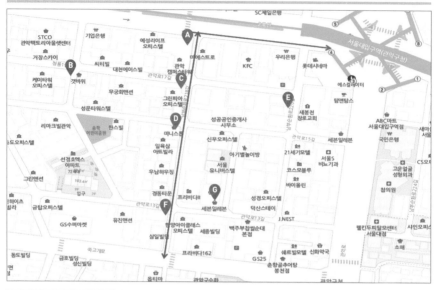

세븐일레븐 관악타워점
일 매출 150만 원

CU 서울대파인점
일 매출 330만 원

GS25 관악봉천점
일 매출 350만~400만 원

미니스톱 관악정옥점
일 매출 180만~200만 원

세븐일레븐 서울대서진점
일 매출 220만~259만 원

GS25 관악원앙점
일 매출 210만~240만 원

세븐일레븐 서울대한울점
일 매출 170만~190만 원

게 사실이다. 대로변 번듯한 상가는 돈 많은 사람들의 영역이라면, 이면 안쪽 자리는 노력하고 공부하는 사람의 영역이라 생각한다. 그러니 열심히 공부하는 이들에게 도움이 되길 바라는 마음으로 상세히 기술해보겠다. 물론 창업을 하려는 이들에게도 싸고 좋은 자리를 고르는 안목을 기르는 데 상당한 도움이 될 것이다.

우선 〈그림 4-13〉을 보자. 놀랍지 않은가? 어떻게 이처럼 골목마다, 귀퉁이마다 편의점이 있을까? 점포개발 담당을 했던 지역이기도 하거니와 매출도 훤히 들여다보고 있는 곳인데도 막상 지도를 보니 마음이 또 다르다.

점포개발을 했던 나도 이러할진대 누군들 '저게 뭔가' 하고 혀를 차지 않을까. 하지만 재밌게도 다 먹고 살 수 있으니까 저렇게 많은 점포가 입점해 있는 것이고, 생각보다 좋은 매출이 나오고 있다. 여러분은 그저 입지와 매출만 잘 기억했다가 비슷한 입지의 상가를 살 때나 창업할 때 도움을 받으면 된다.

⊛ 세븐일레븐 관악타워점

현업에서 점포개발을 할 때도 참 많은 공부거리를 던져준 점포 중의 하나가 바로 세븐일레븐 관악타워점(A)이다. 점포개발 담당을 할 당시엔 바이더웨이 관악타워점이었는데 그때도 매출이 참 저조했다. 유효수요가 많은 곳이라면 계단이 몇 개 있다 해도 매출이 잘 나오는 게 일반적이다. 그러나 이 점포는 상당한 규모의 업무시설을 끼고 있고 대로변에 횡단보도까지 앞에 두고 있는데도 매출이 좋은 편이 아니다. 일 매출 150만 원 전후로 추정하는데, 내가 점포개발 담당을 하던 때와 별로 달라진 게 없다.

사람 키보다 높은 계단이 있다.

왜 그럴까? 어디서 원인을 찾아야 할까? 가장 큰 원인은 사람 키보다 높은 계단을 올라야 점포를 이용할 수 있다는 점이다(그림 4-14). 게다가 면적도 15평이 안 될 만큼 협소하다. 무엇보다 온 천지에 경쟁점을 끼고 있는 입지다.

요약하자면, 계단이 허리 높이만 돼도 좀 나았을 텐데 1.5층이라 할 만한 높이고, 면적마저 좁아서 상품 구색을 제대로 갖추기도 쉽지 않다. 그런 와중에 몇 발짝만 떼면 평지에 면적도 널찍한 경쟁점이 있으니 이로 인해 매출이 정말 많이 깎이는 곳이라 하겠다.

이렇게 생각해보면 좋겠다. 독자 여러분이 길을 가다 갑자기 목이 마르거나 마침 담배가 떨어졌을 때 저 앞을 지난다면 어떨까? 힘들여 계단을 오르는 대신 조금만 더 가면 나오는 다른 점포를 이용하지 않겠나. 그러다 보니 이 점포는 해당 건물 거주자들에 의한 매출 비중이 높고 외부의 수요는 제대로 잡아내지 못한 것으로 파악된다.

그렇다면 세븐일레븐 관악타워점의 불량한 접근성으로 인해 수혜를 보는 입지는 어디일까?

⊛ GS25 관악봉천점

세븐일레븐 관악타워점의 불량한 접근성으로 수혜를 보는 입지는 바로 GS25 관악봉천점(C)이다. 이곳은 가맹점주도 운영을 매우 훌륭하게 해 이로 인한 매출 상승도 꽤 있을 것으로 보니 참고해서 판단하시길 바란다.

좌청룡 우백호처럼 GS25 관악봉천점은 '좌원룸 우모텔'인 입지다. 물론 업

🔁 그림 4-15 **뛰어난 입지의 GS25 관악봉천점**

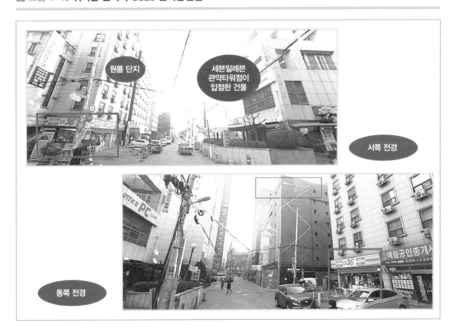

계에 이런 말은 없다. 당시 나의 경쟁사 점포였던 GS25 관악봉천점을 보며 너무너무 부러운 나머지 들었던 생각이다. 좌원룸 우모텔 뿐인가, 앞에는 대형 업무시설이 있고 이 업무시설 사람들이 후문을 통해 접근하기 편하게 생겼으며 경쟁점은 계단에 붕 떠 있으니 편의점으로서는 천혜의 입지가 아닐 수 없다.

여기서 끝이 아니다. 앞마당이 넓어 저녁이 되면 업계 용어로 '야장을 깔아서' 동네 호프집을 방불케 한다. 치킨은 인근에서 주문하고 맥주는 편의점에서 구입해 파라솔에서 치맥을 즐기는 사람들도 굉장히 많다. 브랜드마저도 주거지 상권에서 영업력이 좋은 GS25다.

이처럼 어마어마한 입지의 GS25 관악봉천점은 매출이 얼마나 나올까? 하루 350만~400만 원 정도 나온다. 업계에서 알 만한 사람은 다 아는 매출이다.

★ 미니스톱 관악정옥점

자, 이번에는 GS25 관악봉천점 뒷골목의 미니스톱 관악정옥점(D)에 대해 알아보자. 2004년에 오픈한 이곳은 점포개발 담당이 나였는데, 당시 나는 GS25 관악봉천점을 보고는 대로변에서 두 골목이나 들어가는 곳이지만 입점해도 되겠다는 생각이 들었다. 상권의 볼륨이 그 정도는 돼 보였던 것이다. 지금이야 골목 안쪽까지 온통 편의점이지만 당시만 해도 유흥 상권이 아니라면 대로변, 또는 대로변 다음 골목 정도나 편의점이 들어설 때였다. 본부 임원들의 우려가 좀 있었지만 나는 강하게 밀어붙였고 결과는 꽤 만족스러웠다.

미니스톱 관악정옥점은 당시 월세가 100만 원인 점포였는데 매출이 처음부터 잘 나왔다. 게다가 시간이 갈수록 주변의 낡은 숙박시설이 리뉴얼되거나 원

룸형 오피스텔 형태로 신축이 됐다. 그러기에 50~60미터마다 경쟁점이 있지만 밀도 높은 유효수요로 인해 매출이 괜찮은 편이다. 인근에 원룸이 지어지기 전 일 매출이 160만 원 정도였으니 지금은 180만~200만 원 정도로 추정한다.

이 글을 읽으시는 분께서는 GS25 관악봉천점에 비해 열세인 원룸 수, 대로변의 업무시설 근무자들을 잡지 못하는 입지, 주거지 상권에선 다소 좁은 14평의 면적, 파라솔을 칠 곳이 마땅치 않은 점 등을 감안해 이 정도 매출이 나온다는 것을 알아두면 좋다.

아무튼 2004년 오픈 당시 너무 골목 안쪽까지 입점하는 게 아니냐는 우려는 이렇게 날려버리고 미니스톱 관악정옥점은 우량한 점포로 남아 있다.

⊛ GS25 관악원앙점

이제 미니스톱 관악정옥점에서 한 골목 더 들어가보자. 그러나 이 블록의 반대편에서 보면 두 골목이 아니라 한 골목만 더 들어간 입지다. 미니스톱 관악정옥점이 그만큼 안쪽 구석에 있는 것이다.

GS25 관악원앙점(F)이 입점한 건물을 보면 '편의점 입지가 맞나?' 생각할 사람들이 더러 있을 것 같다. 다세대주택 1층도 아니고 0.5층 정도의 푹 꺼진 점포라 그리 좋아 보이지 않는다. 하지만 이곳의 동쪽은 일반상업지역으로 고밀도 개발을 한 곳이 많고, 그중엔 대단지 원룸형 오피스텔도 더러 있다(이에 대한 설명은 CU 관악한울점 때 했으니 생략한다). 그 거주자들 덕에 제법 매출이 있을 만한 곳이다.

하지만 한계도 분명 있어 보인다. 동쪽의 일반상업지역으로 조금만 들어가면 세븐일레븐 서울대한울점(G)이 나오기 때문이다. 그렇다면 세븐일레븐 서울대한울점과 GS25 관악원앙점 중 승자는 누구일까?

다시 앞으로 가서 〈그림 4-13〉을 보면 파란 실선을 그어놓은 것이 있다. GS25 관악원앙점, 미니스톱 관악정옥점, GS25 관악봉천점, 세븐일레븐 관악

◤ 그림 4-17 **GS25 관악원앙점**

타워점 모두를 거쳐가며 이 블록을 관통하는 동선을 표시한 것이다. 이처럼 구역을 관통하는 곳에 위치한 입지는 그렇지 않은 안쪽 자리보다 확실히 유동인구가 많다.

독자 여러분의 빠른 이해를 돕기 위해 편의점마다 로드 뷰를 보여드리고 있지만, 로드 뷰로는 두 점포의 차이를 느끼기 힘들다. 뿐만 아니다. 현장에 나가봐도 유동인구를 세어 비교하기 전에는 두 점포 사이의 입지 차이를 잘 느끼지 못한다. 그래서 점포개발을 할 때 이런 입지는 현장에 나가는 것보다 지도를 제대로 살펴보는 것이 입지를 분석하는 데 더욱 도움이 된다.

결론은, GS25 관악원앙점이 세븐일레븐 서울대한울점보다 매출이 높을 것으로 본다. GS25 관악원앙점은 하루 210만~240만 원, 세븐일레븐 서울대한울점은 하루 170만~190만 원으로 추정한다. 이번엔 유효수요가 아니라 동선에서 차이가 난 것이라 하겠다.

⭐ 세븐일레븐 서울대서진점 vs 세븐일레븐 서울대한울점

그런 점에서 세븐일레븐 서울대서진점(E)과 서울대한울점(G)은 닮아 있다. 나중에 다른 지역 점포 사례로 보여드리겠지만 대로변이 아닌 이면 골목은 관통 도로를 끼지 않은 입지엔 개점을 자제하라고 말하곤 한다. 동선상 유동인구가 적고 유효수요도 제한적일 수밖에 없기 때문이다.

이런 입지에 개점해도 되는 조건은, '아주 가까이에 대형 유효수요가 있을 때만'이다. 그리고 이렇게 인접한 곳에 유효수요가 크게 있으려면 토지의 용도지역은 일반상업지역 또는 최소한 준주거지역이어야 가능하다. 가까이에 주거

형 오피스텔이나 원룸이 큰 사이즈로 있어야 한다는 말이다.

세븐일레븐 서울대서진점은 서울대한울점보다 좀 더 유리한 점이 있다. 일단 경쟁점이 조금 멀리 있고, 대로변의 업무시설 사람들이 근무하다 잠깐 휴식을 취할 때나 흡연을 할 때 음료를 마시기 좋은 입지다. 건물 뒷문으로 나와 대로변 안쪽의 음식점에서 식사를 하고 들어가는 길목이기도 하고 퇴근 후 회식 동선도 된다.

그러니 일단 일 매출은 200만 원은 넘는다고 봤다. 좀 더 구체적으로 하루하루 220만~259만 원으로 본다. 사실 이런 상가를 잘 사면 대로변의 수요도 잡고 인근엔 대형 건물(원룸이나 오피스텔)이 있어 제값을 하기도 한다. 장사를 하는 사람 입장에선 경쟁점도 잘 생기지 않는 곳이기도 하다.

⭐ 하남돼지집 서울대입구역점

혹시 편의점만 매출이 높은가 싶어 세븐일레븐 서울대서진점 바로 옆의 하남돼지집 매출을 조사해봤다. 단, 일반음식점 매출은 쉽게 말하기가 힘들다. 브랜

드가 인기를 누리는 초반의 매출과 중기의 매출 차이가 크기 때문이다. 그래서 이 책에서도 그런 업종은 가급적 다루지 않았다. 그렇지만 입지 연구를 위해 조사를 해보았는데 매출이 상당했다. 하루 평균 300만 원이 넘었다.

〈그림 4-19〉는 동행했던 연구원이 찍은 사진인데 나도 찍혀버리고 말았다. 세븐일레븐 일 매출도 220만~259만 원, 그 옆의 하남돼지집도 일 매출 300만 원, 관통도로를 끼지 않은 곳 중 참으로 드물게 매출이 높다. 하남돼지집 서울 대입구역점 가맹점주는 방이동에서도 하남돼지집 2개점을 운영 중인데, 다수의 점포를 운영하며 쌓은 노하우로 운영을 잘해 입지의 가치보다 더 높은 매출을 보이는 면도 있는 듯하다.

하지만 잘못 사면 정말 골치 아픈 게 이런 상가다. 아니, 대부분 골치가 아프다. 그러니 반드시 이런 내용도 함께 숙지해두길 바란다. 번듯해 보이는 상가인데 들어오는 세입자마다 장사가 안 된다고 하는 곳이 이런 상가다. 장사

가 안 되는 까닭은 인근에 큰 크기의 유효수요가 없기 때문이다. 예를 들어 안산의 GS25 사동중앙점과 GS25 안산송호점의 매출을 확인해보면 쉽게 이해될 것이다.

〈그림 4-20〉을 보자. 어떤 점포의 매출이 더 높을 것 같은가? 지금까지 수많은 편의점의 입지를 분석했으니 이 사진을 보고 매출을 가늠할 수 있지 않을까? 하지만 이 사진만 보고 말하는 사람이 있다면 그가 이상한 사람이다. 설령 맞힌다 해도 말이다.

둘 다 코너 입지에 널찍한 매장으로 그럴싸해 보이긴 한다. 그러나 매출은 한 점포가 다른 점포보다 40% 높다. 이 사실은 시사하는 바가 크다.

〈그림 4-21〉을 보면 GS25 사동중앙점은 다가구주택 밀집지역에 있다. 그런데 검은 실선으로 표시한 블록 내에서 제대로 된 관통도로를 물고 있지 않은 것으로 보인다. 동-서 간 동선이 관통도로로 보이나 블록 전체에선 의미 있는 동선이 아니다. 남-북 간 도로는 이 점포가 입점한 건물에 막혀 관통도로 역할을 하지 못한다. 이런 입지는 경쟁에 매우 취약하다. 알파벳 대문자로 표시한

경쟁점들에 비해 우세한 입지가 결코 아니다.

　GS25 사동중앙점은 오픈 당시 하루 100만 원도 못 파는 못난이 점포였다. 지금은 일 매출이 130만~150만 원으로 알려져 있다. 개점 때보단 나아졌지만, 2019년 기준으로 GS25의 평균 일 매출이 185만 원인 점을 감안하면 턱없이 낮은 수준이다. 더군다나 최저임금 인상으로 가맹점주의 손익이 걱정스러운 점포다.

　반면 GS25 안산송호점의 매출은 어떨까? 〈그림 4-22〉를 보면 서쪽의 버스 정류소에서 보행자 통로를 통해 블록 전체를 동-서로 관통하는 도로가 있다. 또 블록 내 남과 북을 관통하는 도로도 해당 점포 옆이다. 인근 경쟁점보다 확실한 우위에 있는 입지다. 뿐만 아니라 최저임금이 올라 수익이 좋지 않은 경

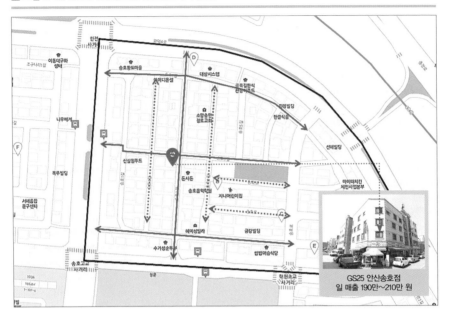

GS25 안산송호점
일 매출 190만~210만 원

쟁점이 문을 닫게 되면 반사이익을 누릴 수 있는 점포이기도 하다.

　GS25 안산송호점은 하루 190만~ 210만 원의 매출을 기록하고 있다. 원룸이 밀집한 상권, 대형 업무시설 근처가 아니라 한 건물당 8가구 이하로 구성된 일반적인 다가구주택이 밀집한 지역에서는 이와 같은 매출 패턴이 훨씬 더 일반적이다.

　그러니 서울대입구역의 세븐일레븐 서울대서진점이나 하남돼지집 서울대입구역점과 안산의 GS25 2개점의 매출을 함께 비교해 공부할 필요가 있다.

소액투자의 정석,
쑥고개길 미니스토아

상가나 상권에 대해 이야기할 때 아직 공부가 덜 된 이들은 화려한 상권을 좋아하는 경향이 뚜렷하다. 유동인구가 많고 대로변이며 간판발이 좋은 곳을 선호한다. 그러나 투자는 그렇게 해서는 절대로 안 된다. 투자란 실질 가치보다 낮은 금액에 사서 실질 가치, 또는 시장 가치에 되파는 행위라 할 수 있다.

이를테면 겉보기엔 상권이 활성화되지 않은 것 같은데 장사가 잘되는 실속 있는 곳이 있다. 경쟁점이 들어오기도 쉽지 않고 매출이 안정적이니 임대료 인상도 어렵지 않다. 안정적으로 월세 수입을 얻을 수 있다. 상가투자를 하려면, 특히 소액으로 상가투자를 하려면 이러한 입지를 골라낼 안목이 필요하다.

〈그림 4-23〉에 보이는 미니스토아 자리에는 원래 껍데기집 또는 닭발집 콘셉트의 고깃집이 있었다. 드럼통을 테이블 삼아 놓고 고기보다는 술 손님 위주로 주인 혼자 운영하는 집이었다. 당시 이 지역 점포개발 담당이었던 나는 이 고깃집과 옆의 봉천청과를 터서 편의점으로 추진하겠다는 품의를 올렸다.

2004년 초였던 그때는 많은 임원들이 고개를 갸우뚱했다. 편의점이 이처럼 구질구질한(?) 상권까지 입점해도 되겠냐는 것이 주된 의견이었다.

★ CU 관악구청점 vs GS25 관악청룡점

하지만 〈그림 4-24〉를 보시라. 미니스토아와 봉천청과는 CU 관악구청점(B)으로 변신해 영업 중이다. 재밌는 건, 뒤가 산으로 막혀 뒤편의 유효수요가 모두 CU 관악구청점으로 쏠릴 수밖에 없다는 점이다. 노란 화살표가 이를 도식화한 것이다. 그리고 이들의 동선은 지하철로 쏠리게 돼 있으니 해당 입지는 뒤편의 주거지 유효수요에 대해 영향력이 클 수밖에 없다. 이는 서쪽의 GS25 관악청룡점(A)도 마찬가지다.

이 지역은 의원, 학원, 음식점 등의 상권으로는 그리 활성화되지 않은 곳이다. 이런 입지는 첫눈에는 별로 마음에 들지 않는다. 그러나 의원·학원과 편

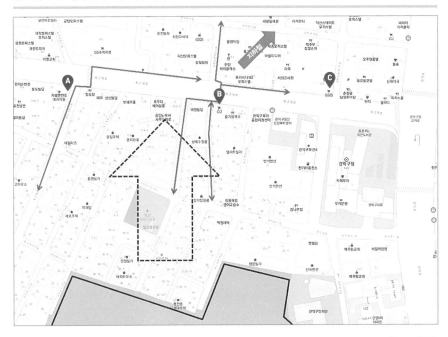

GS25 관악청룡점
일 매출 210만~230만 원

CU 관악구청점
일 매출 200만~220만 원

GS25 관악쑥고개점
일 매출 200만 ~ 220만 원

의점은 필요 세대 수가 다르다. 의원이나 학원, 베이커리 등은 주거지가 2,000 세대 규모는 돼야 기본 매출이 나오는 업종이다. 이 같은 업종이 거의 들어서지 않으니 상권이 매우 열악해 보인다. 그리고 일부 맞는 이야기이기도 하다. 그러나 편의점은 다세대주택 500세대만 알차게 독점하면 하루에 최소 150만 원은 매출이 나오는 추세다. 물론 지역마다 그리고 상권의 성격마다 조금씩 차이는 있다.

그러니 CU 관악구청점이나 GS25 관악청룡점은 꽤 괜찮은 매출을 기대할 수 있는 곳이다. 임대를 하는 건물주도 장사를 하는 경영주도 만족할 수 있는 입지가 된다. 매출은 CU관악구청점이 하루 200만~220만 원 정도일 것으로 생각한다. 분명 평균보다 하회하는 입지처럼 보이지만 평균보다 월등히 높은 매출인 것이다. 또 비슷해 보이는 GS25 관악청룡점도 일 매출을 210만~230만 원으로 추정한다.

가끔 GS25 관악청룡점 맞은편에 GS슈퍼마켓이 있는데 편의점 영업이 잘되겠냐고 우려하는 이들이 있다. 편의점이 우리 생활에 처음 등장할 때만 해도, 비싸고 할인이 없다는 등의 이유로 인근에 마트가 있으면 편의점 매출은 열악했다. 그러나 요즘 편의점은 편의점만의 유니크한 영업력을 갖추고 있다.

게다가 GS슈퍼마켓 같은 SSM, 이마트 같은 대형 마트의 등장으로 중소형 소매점이 사라져 공생관계를 유지하고 있다. 이를테면 대형 마트가 등장해 20평 내외의 슈퍼마켓이 문을 닫으면 편의점이 그 자리를 빠르게 대체하고 있는 것이다. 즉 GS25 관악청룡점 맞은편의 GS슈퍼마켓은 인근 편의점의 매출에 긍정적인 역할을 하지, 매출 하락을 일으키지는 않는다.

⭐ GS25 관악쑥고개점

마지막으로 GS25 관악쑥고개점(C)을 알아보자. 용도지역 이야기가 또 한 번 나올 대목이다. GS25 관악쑥고개점은 고밀도 개발이 가능한 일반상업지역에 위치하고 이로 인해 인근에 대형 시설물이 많다. 밀도 높은 유효수요가 많다는

의미다. 낡은 저층 상가건물 1층에 있어 볼품없어 보이지만 꽤 안정적인 매출
이 기대된다.

  CU 관악구청점을 지나온 사람이나 GS25 관악청룡점을 지나온 사람들 중
상당수는 지하철을 타기 위해 이 점포 앞을 지날 수도 있다. GS25 관악쑥고개
점 매출은 하루 200만~220만 원으로 생각한다. 내가 이 지역 점포개발을 담당
하던 2003년부터 안정적인 점포로 여겨졌던 곳이기도 하다.

5

노원역

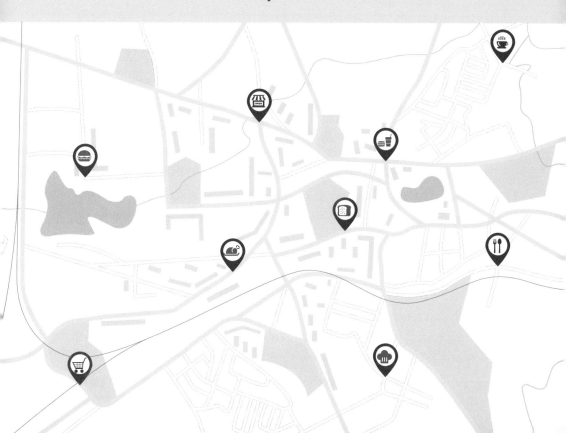

대로변
상가의 함정

노원역은 4호선과 7호선이 만나는 환승역으로, 하루에 9만 2,000명 가까이 이용한다. 노원구 인구는 52만 9,000여 명인데 지난 10년간 11% 넘게 감소했다. 그럼에도 불구하고 노원역은 노원구의 교통 요지이자 상업의 중심지로서 유동인구가 많고 상권이 활성화돼 있다. 특히 4호선을 중심으로 북부와 남부 모두 유흥 상권이 발달해 있다.

노원구 상권을 분석하면서 이번에도 편의점 매출로 이야기를 시작하려 한다. 내가 가장 잘 아는 업종이기도 하거니와 미니스톱, GS리테일, 홈플러스, 위메프 등에서 점포개발 업무를 하며 축적한 자료 중 가장 많은 양을 보유한 업종이기도 하다.

물론 이 이유가 전부는 아니다. 편의점은 입지의 바로미터라 할 수 있기 때문이다. 편의점만큼 운영 능력보다 입지가 중요한 업종이 없다. 누가 운영을 하느냐보다 어디에서 운영하느냐에 따라 매출이 크게 달라진다. 아주 엉망으로

⬇ 그림 5-1 노원역 북부의 다양한 편의점들

아파트 출입구가 없다

CU 노원주공점
일 매출 200만~220만 원

개인 편의점

GS25 노원웰빙점
일 매출 220만~240만 원

미니스톱 노원2점
일 매출 210만~230만 원

GS25 노원롯데점
일 매출 150만~170만 원

운영되던 편의점이 아닌 한, 가맹점주 변경으로 인한 매출 변화는 5%도 채 되지 않는다.

우선 노원역 북부의 유효수요 동선부터 살펴보자. 낙성대역과 서울대입구역 입지분석과 비슷한 패턴이 반복될 테니 이제부터 설명은 간소화하고 빨리 읽고 좀 더 많은 점포의 매출을 접할 수 있도록 하는 데 치중하겠다.

⭐ GS25 노원롯데점

우선 입지를 가장 잘못 선택한 곳은 단연 GS25 노원롯데점(E)이다. 대로변 사거리의 번듯한 상가건물 1층에 있고, 롯데백화점 바로 옆이니 이 지역을 오가는 사람들 눈에 자주 띄는 입지일 수 있다. 하지만 그들이 정작 학원, 병원, 대형 마트, 음식점 등을 이용하려 할 때 저 앞을 얼마나 지나갈까? 더 쉽게는 지하철을 타려 할 때 저 앞을 지나는 사람이 얼마나 있을까 생각해보라.

해당 입지 인근의 지하철역 출입구는 〈그림 5-1〉에 빨간 점선의 동그라미로 표시한 부분에 있다. GS25 노원롯데점 북쪽에 있는 주공아파트 주민들이 지하철을 이용할 때 이곳을 지날 가능성은 매우 적다. 게다가 검은 실선 두 개로 표시하고 설명도 해두었듯이 주공아파트가 대로변으로 향하는 곳엔 출구가 없다. 로드 뷰로 자세히 살피면 버스정류소 앞에 있는 쪽문이 전부다. 이외에는 전부 막혀 있다.

그러니 아파트 주민들은 지하철을 타려 할 때 파란색 동선으로 향할 것이다. GS25 노원롯데점 입지에서 볼 때 대로변이 아닌 안쪽 동선이지만 말이다. 이 뿐만이 아니다. 안쪽으로 상권이 발달해버리면, 가령 병·의원, 음식점 등이 입점해버리면 대로변 상가건물에 입점한 세입자는 장사가 신통치 않을 테고, 그 건물 1층의 편의점마저 좋은 매출을 기대하기 어렵게 된다. 그런 입지가 바로 GS25 노원롯데점 입지다.

GS25 노원롯데점 매출은 하루 150만~170만 원으로 생각한다. 길 건너에 무어라도 유효수요가 있다면 기대할 게 있는데 그곳은 운전면허시험장이다. 대로변 상가지만 장점이 별로 발견되지 않는 입지다.

유통회사에서 점포개발 업무를 시작한 지 5년쯤 됐을 때 이런 입지가 나쁘다는 것이 눈에 들어오기 시작했다. 독자 여러분들이야 정답지를 바로 보니 별 것 없다 여기시겠지만, 그리 쉽게 눈에 들어오는 게 아니다. 반드시 숙지했다가 상가투자를 하거나 소매점 창업을 할 때 이처럼 대로변의 장점은 적고 함정만 잔뜩 있는 입지를 걸러내시기를 바란다.

⭐ 미니스톱 노원2점 vs GS25 노원웰빙점 vs CU 노원주공점

자, 그렇다면 안쪽의 편의점 3개는 매출이 얼마나 될까? 지하철역 대로변에서 한 골목 안쪽에 미니스톱 노원2점(D)이, 그리고 이 점포에서 한 골목 안쪽 60m 에 GS25 노원웰빙점(C)이 있다. 여기서 한 골목 안쪽 100m엔 CU 노원주공점 (A)이 영업을 하고 있다. 서로서로 안쪽에서 끊어먹는 입지에 있지만 역 앞이 다 보니 대로변의 강점도 있을 것이다. 생각할 거리가 많은 곳이다.

큰길에서 첫 골목에 있는 미니스톱 노원2점은 일 매출 210만~230만 원 수준으로 생각한다. 미니스톱 노원2점 골목 내 상가 이용객과 대로변에서 가까운 이점 등을 종합한 결과다.

그 바로 뒤 GS25 노원웰빙점은 인근의 주공아파트 주민들이 지하철을 타러 가든 안쪽의 유흥·먹자 상권으로 향하든 이 앞을 지나게 마련이다. 하지만 안쪽 상권이 커지면 안쪽에 경쟁점이 들어선다. 코너에 떡하니 개인 편의점(B)이 영업 중이니 이쪽의 수요는 못 잡는 한계가 있다. 이 같은 장점과 한계 모두 고려해 추정한 일 매출은 220만~240만 원이다.

이제 GS25 노원웰빙점에서 100m 더 안쪽에 있는 CU 노원주공점 매출을 알아보자. 사실 대로변 첫 골목에서 200만 원 초반, 그다음도 200만 원 초반이면 그다음 다음 골목은 20% 정도 낮은 매출을 보이는 게 일반적이다. 주변 상권의 활성도가 그만큼 낮아진다는 의미다. 하지만 CU 노원주공점은 다른 점포에 비해 경쟁 강도가 약하다는 장점이 있다. GS25 노원웰빙점의 경쟁 상대인 안쪽 코너의 개인 편의점 같은 곳이 없다는 것이다.

따라서 CU 노원주공점은 미니스톱 노원2점, GS25 노원웰빙점과 매출에 큰 차이가 없을 것이다. 즉 하루 200만~220만 원 정도로 추정한다. 지금까지 알아본 4개의 편의점 중 임대료 대비 매출은 CU 노원주공점이 가장 좋지 않을까 한다.

대형 패스트푸드점 사이에서
틈새를 찾다

상권분석 공부를 하다 보면 통계자료를 잔뜩 접하게 된다. 어느 지하철역은 하루 이용객이 몇 명이고, 주변 인구 분포는 어떠하고, 소득 수준은 얼마인가 등등. 물론 가치 있는 정보다. 점포개발 시에도 이런 기초 데이터를 기반으로 해서 보다 치밀한 조사를 하는 것이다. 하루 이용객이 몇 명인 지하철역인데, 인근 어느 골목의 어느 점포가 얼마나 장사가 잘되는지 정도는 분석해야 투자자나 창업자 모두에게 필요한 정보가 된다.

그런데 하나의 상권에서 하나의 브랜드, 한두 군데 점포의 매출만 안다면 별의미가 없다. 하지만 여러 군데를 두루 파악하게 된다면 해당 상권의 볼륨은 물론 상권의 성격도 파악할 수 있다. 단, 해당 상권에 경쟁 업종이 없거나 거의없는 독점적인 입지의 브랜드 지점일 때 매출이어야 의미가 있다.

■ 그림 5-2 노원역 주변의 유명 프랜차이즈 점포들

맘스터치 노원로데오점
일 매출 250만~280만 원

배스킨라빈스 노원로데오점
일 매출 230만~250만 원

롯데리아 노원역점
일 매출 400만 원

새마을식당 노원역점
일 매출 400만 원

파리바게뜨 노원중앙점
일 매출 700만 원

—— 1일 매출로 보는

⊛ 배스킨라빈스 노원로데오점

노원역(4호선) 9번 출구를 나오면 첫 번째 코너에 배스킨라빈스 노원로데오점(B)이 있다. 인근에 나뚜르 노원점이 있지만 롯데백화점 내에 입점했기 때문에 경쟁점이라 말하기는 어렵다.

우선 앞에서 알아본 배스킨라빈스 서울대입구역점의 매출과 입지를 떠올려보자. 그곳 매출은 하루 160만~180만 원이었다. 상권은 유동인구가 풍부하나 유효수요는 아파트가 거의 없고 다세대주택이 밀집한 지역이었다. 참고로, 인근 화장품점의 매출은 아주 좋았다.

그렇다면 노원역의 배스킨라빈스 노원로데오점은 얼마나 팔까? 서울대입구역점보다 30%가량 높은 230만~250만 원의 일 매출을 예상한다. 이 정도면 배스킨라빈스 특수점(공항, 병원, 대학교 등)을 제외하면 최고 수준이다. 배스킨라빈스 노원로데오점 매출만 놓고 본다면 노원역 상권은 거의 최고 수준이라 할 수 있다.

⊛ 맘스터치 노원로데오점

이번에는 맘스터치 노원로데오점(A)을 보자. 길 건너에 24시간 운영하는 롯데리아를 경쟁점으로 두고 있으며, 노원역 상권 북쪽의 주동선에 위치한다. 단점은, 2층인 데다 40평 정도로 매장이 넓지 않다. 하지만 이는 맘스터치의 시장 포지셔닝과 정확히 일치한다. 대형 패스트푸드점들의 각축전 속에서 자신만의 틈새를 찾은 것이다.

맘스터치 노원로데오점의 일 매출은 250만~280만 원으로 예상한다. 맘스터치 평균보다 2배 가까이 높은 수치다. 앞서 낙성대역 상권을 분석할 때 롯데리아 낙성대역점은 1층에서 겨우 130만 원을 팔다 폐점했다. 맘스터치는 2층인데도 이 정도니 얼마나 대단한가. 여기서 '대단하다'는 건 맘스터치의 브랜드 파워가 아니라 노원역 상권의 힘을 두고 하는 말이다. 2층 패스트푸드점의 일 매출 250만 원이란, 과거 미스터피자나 피자헛이 인기 있을 때 분당 미금역 같은 상권에서 나오던 금액이다.

⍟ 롯데리아 노원역점

그렇다면 패스트푸드의 절대 강자, 롯데리아 노원역점(C)은 어떨까? 1층에 24시간 운영, 그리고 대로변 입지인데 말이다. 롯데리아 노원역점은 한때 400만 원을 훌쩍 넘는 일 매출을 보였던 곳으로 업계에 잘 알려져 있다. 최근 매출에 변화가 있다 해도 하루 400만 원 정도는 유지 중일 것으로 본다. 최근 맘스터치가 급부상했다고 하나 입지가 훨씬 더 우월하기 때문에 이러한 매출 차이를 보이는 것이다.

창업을 하려는 이라면 이 지점에서 생각해봐야 할 게 있다. 과연 롯데리아 노원역점의 임차료(보증금, 권리금, 월세)는 어느 수준일까? 맘스터치 노원로데오점보다 최소 3배가량은 높지 않겠나 하는 것이 나의 예상이다.

내가 가장 힘주어 말하고자 하는 건 단연 입지분석이다. 하지만 그게 전부는 아니다. 이처럼 브랜드별로 분명 매출 차이가 존재한다. 이렇게 매출을 분석하다 보면 자연스레 브랜드 파워에 대한 이해도 높아진다.

⭐ 새마을식당 노원역점

새마을식당은 크게 두 종류로 나눌 수 있다. 하나는 점심과 저녁 장사를 하는 유형이고, 또 하나는 저녁부터 새벽까지 영업하는 유형이다. 보통은 저녁 매출 비중이 더 높으며, 월 매출은 4,000만~8,000만 원까지 격차가 큰 편이다. 그러나 최소 월 매출 4,000만 원, 일 매출로 130만 원은 돼야 인건비, 재료비, 기타 경비, 월세를 치르고 가맹점주도 수입이 생긴다. 고깃집의 손익은 앞서 하남돼지집 사례로 알아봤으니 여기서는 생략한다.

그렇다면 새마을식당 노원역점(D)은 어떤 콘셉트이고 얼마의 매출을 올릴까? 새마을식당 노원역점은 방금 말한 두 가지 유형에서 벗어나 24시간 운영한다. 매출은 월 1억 2,000만 원, 일 400만 원으로 예상한다. 이 지역이 부촌이라 사람들이 24시간 쉬지 않고 연탄불고기를 먹는 게 아니라 상권 자체가 24시간 내내 손님이 끊이지 않는 곳이기 때문이다.

⭐ 파리바게뜨 노원중앙점

마지막으로 파리바게뜨 노원중앙점(E)을 보자. 이곳을 조사하면서 내가 정말로 놀란 건, 이 지역엔 파리바게뜨 노원중앙점을 제외하면 브랜드 베이커리가 없다는 점이었다. 파리바게뜨 노원중앙점이 지하철역 남쪽의 거주지에 위치하니 북쪽 거주지에 동일 브랜드든 뚜레쥬르든 하나 있을 법한데, 전혀 보이지 않았다. 지역에서나 유명할 개인 베이커리만 드문드문 보일 뿐이었다.

파리바게뜨 노원중앙점은 가맹점 매출로 전국 1위라는 말을 여러 번 들었다. 참고로 전체 매출 1위는 연신내역에 있는 어느 직영점이다. 그런데 두 점포의 매출이 비슷한 수준이다. 이처럼 경쟁점이 없고 세대 수와 상권이 확실한 곳에 위치한 파리바게뜨 노원중앙점은 일 매출이 700만 원을 약간 상회한다. 들은 사람은 모두 깜짝 놀랐던 매출이다.

상권의 성격,
업종과 잘 맞아야

앞서 서울대입구역의 중저가 화장품점 매출을 이야기하면서 상권의 성격과 해당 업종이 맞아야 매출이 잘 나온다고 했다. 그렇다면 노원역 상권에서 중저가 화장품은 얼마나 잘 팔릴까?

노원역엔 참 많은 중저가 화장품점이 있는데 이를 다 조사하진 못했다. 아리따움, 더페이스샵, 토니모리 등 유명 업체들이 입점해 있지만 매출 조사를 하진 못했다. 다만 나의 능력과 우리 옥보단원의 힘이 미치는 데까지 조사한 것을 바탕으로 매출과 입지에 대해 평가해보자. 단, 화장품이라는 상품의 특성상 입지 못지않게 브랜드가 매출에 상당한 영향을 미친다는 점을 감안해주시면 감사하겠다.

| 네이처리퍼블릭 노원점 | 미샤 노원점 | 더샘 노원점 | 이니스프리 노원점 |
| 일 매출 200만 원 | 일 매출 180만~200만 원 | 일 매출 100만 원 | 일 매출 350만 원 |

★ 네이처리퍼블릭 노원점

노원역 9번 출구를 나오면 북쪽 상권 초입에 네이처리퍼블릭 노원점(A)이 있

다. 바로 안쪽 골목 코너 2층에서 맘스터치가 고매출을 보였던 점, 그 아래층에

있던 편의점 홈플러스365가 일 매출 250만 원 전후를 기록했던 점을 고려하면

이곳이 얼마나 강한 입지인지 알 수 있다. 안쪽으로 풍부한 유효수요가 있고

상권이 활성화돼 있기에 가능한 매출이다.

그렇다면 이런 상권에 지하철역 바로 앞 입지에 있는 네이처리퍼블릭 노원점은 일 매출이 얼마일까? 200만 원을 조금 상회할 것으로 본다. 이보다 열세한 입지의 에뛰드하우스가 폐점한 것을 감안하면 매출이 조금 증가했을 가능성도 있다. 하지만 지도에 표시돼 있지 않으나 반대편 코너의 스킨푸드가 영업을 하고 있기에(그림 5-4) 경쟁 강도는 여전히 높다. 이 점을 고려해 매출을 추정했다.

⊛ 미샤 노원점

네이처리퍼블릭 노원점 건너 2번 출구 쪽에도 3개의 화장품점이 있다. 대로변의 미샤 노원점(B)은 일 매출 180만~200만 원으로 추정한다. 아무래도 경쟁점이 안쪽의 유효수요가 접근하기에 더 좋아서 매출에 한계가 있어 보인다.

📷 그림 5-4 **노원역 9번 출구 근처의 네이처리퍼블릭 & 스킨푸드**

중저가 화장품점의 매출이 하루 200만 원에 육박하면 매우 성공적인데도 한계라고 한 이유는, 그만큼 노원역 상권의 볼륨이 크다는 뜻이다.

⊛ 더샘 노원점

안쪽 골목에 있는 더샘 노원점(C)은 우선 근처의 경쟁점들에 비해 점포가 작다. 게다가 전면이 아니라 입지에서 열세다. 이니스프리나 아리따움 등과 비교했을 때 브랜드 파워가 어떤지는 독자 여러분이 판단해주시기 바란다. 나는 회원들과 함께 면밀히 조사한 내용을 토대로 추정한 매출액만 언급하겠다.

더샘 노원점의 매출은 하루 100만 원을 조금 넘을 것으로 보다. 얼핏 듣기엔 무척 실망스러운 매출이지만, 이 정도면 중상위권에 해당한다. 노원역 상권이 워낙 활성화되어 적어 보이는 착시 현상일 뿐이다.

⊛ 이니스프리 노원점

노원역 2번 출구 앞, 대로변 코너에서 비교적 큰 면적으로 영업 중인 이니스프리 노원점(D)은 브랜드 파워나 입지의 힘으로 보아 하루 350만 원 전후의 매출을 올릴 것으로 본다. 이 정도면 노원역에서 상당 기간 최고의 매출을 기록하는 점포로 군림할 듯하다.

지하철역 앞이 반드시
좋은 입지는 아니다

커피전문점의 업종 특성에 대해서는 앞에서 충분히 다뤘으므로 이 장부터는
입지와 매출 분석에 치중하려 한다.

노원역 인근에는 저가 커피전문점인 빽다방, 저가와 대형 커피전문점 중간
쯤에 있는 이디야커피, 여러 브랜드의 대형 커피전문점, 그리고 도넛과 커피를
함께 제공하는 던킨도너츠까지 다양한 브랜드의 점포가 있다. 이들 가운데 매
출이 지나치게 높거나 낮은 점포는 생략했다. 또한 직영으로만 운영하는 스타
벅스는 매출이 너무 높아 입지를 평가하는 데는 별 도움이 되지 않을 것으로
판단해 제외한다.

■ 그림 5-5 **노원역 인근의 프랜차이즈 커피전문점들**

빽다방 노원북부점
일 매출 100만 원

이디야커피 노원역2호점
일 매출 100만~130만 원

탐앤탐스 티티클럽 노원점
일 매출 200만~220만 원

던킨도너츠 노원KT점
일 매출 100만 원

⊛ 빽다방 노원북부점

우선 빽다방 노원북부점(A)을 보자. 앞서 말했듯이 테이크아웃 커피전문점은
월 매출 2,000만 원에 월세 200만 원이 가장 보편적인 구조다. 그런데 워낙 저
가에 판매하기에 사람은 득실대는 것처럼 보여도 매출이 높기가 쉽지 않다. 즉
박리(薄利)라는 업종의 특성상 다매(多賣)를 할 수 있는 입지를 선정해야 한다.

일반적으로 다매를 하려면 지하철역 앞의 점포나 역 이면의 첫 번째 코너 정도의 입지를 골라야 한다. 대로변이 너무 비싸면 한 골목 정도는 안으로 들어가더라도 한 블록 이상 들어가면 승산이 없다는 의미다.

그런데 빽다방 노원북부점은 한 블록에서 좀 더 들어가 있다. 테이크아웃 커피전문점으로서는 자칫 위험할 수 있는 입지다. 다만, 노원역 상권의 볼륨이 크고 해당 점포가 유효수요의 주동선상에 위치한다면 이야기가 달라질 수 있다.

빽다방 노원북부점은 노원역 9번 출구를 나와 배후 유효수요로 향하는 주동선상에 있다. 동선은 괜찮은 편이다. 문제는 한 블록, 그리고 반쯤 들어간 입지라는 것이다. 앞에서 본 대로 이런 입지의 다른 프랜차이즈점 매출은 너무나 좋다. 이런 입지의 빽다방은 따라서 일 매출 100만 원 전후로 추정한다.

⭐ 이디야커피 노원역2호점

그렇다면 이디야 노원역2호점(B)의 입지는 어떨까? 이 점포는 매출이 얼마나 될까? 지하철 4호선 노원역은 지상의 고가에 위치한다. 그 밑으로 차량이 다니는 구조라 반대편과 상권이 단절되는 경향이 뚜렷하다. 시각적으로도 좀 어두워 보인다. 이런 경우 간판발을 중시하는 업종은 영업에 상당한 지장을 받을 수 있다. 그리고 그런 업종 중엔 당연히 커피전문점도 있다.

이디야커피 노원역2호점은 역세권 대로변에 있지만 지하철역 출구와 고가 때문에 맞은편과 단절된 느낌이 강하다. 횡단보도도 9번 출구와 2번 출구를 잇는 쪽에 있어 더욱 그렇다.

즉 대로변의 효과가 미미하고 안쪽 유효수요의 동선을 잡지 못하는 비코너

입지다. 면적도 크지 않아 안쪽의 크고 작은 경쟁점에 비해 불리할 수 있다. 한 번 더 분명히 해둘 점은, 대로변이라는 입지의 장점이 고가에 위치한 지하철역 때문에 감소한다는 것이다.

이디야커피 노원역2호점은 빽다방 노원북부점보다 넓으며 좌석을 좀 더 갖추었고 커피도 좀 더 비싸다. 이런 이디야커피 노원역2호점의 매출은 하루 100만~130만 원으로 본다. 만약 코너에 입점했다면 매출이 얼마나 달라졌을지 생각하게 된다. 하지만 그만큼 점포 임차 비용도 상승했을 테니 코너만이 능사는 아니다.

⊛ 던킨도너츠 노원KT점

점포개발을 하는 선후배들과 이야기를 해보면 던킨도너츠는 '커피 + 도넛'으로 변해가려 애를 쓰고 있다고 한다. 그런 말을 10년 전부터 들었다. 건강에 대한 관심이 커지며 트랜스지방으로 대변되는 도넛이 시장에서 점점 인기를 잃어가고 있기 때문이다. 그런 의미에서 던킨도너츠 노원KT점을 커피점으로 간주하고 입지와 매출에 대해 논해보고자 한다.

　우선 던킨도너츠 노원KT점 입지는 커피점으로 꽤 괜찮은 편이라고 할 수 있다. 경쟁점을 고려하지 않았을 땐 그렇다. 〈그림 5-7〉을 보면 대로변에 스타벅스 노원KT점이 있고, 대로변에서 아파트 출입구 앞으로 들어간 자리에 던킨

📢 그림 5-7 **던킨도너츠 노원KT점 & 스타벅스 노원KT점**

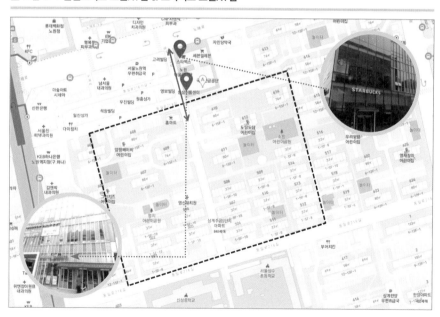

도너츠 노원KT점이 있다.

이면 안쪽이라 업무시설의 풍부한 유효수요와 상계주공 5단지, 6단지 아파트 유효수요의 주동선상에 있으니 제법 좋은 입지라 할 만하다. 바로 맞은편의 GS 노원중앙점도 하루 매출이 200만 원을 넘으니(200만~230만 원 정도) 분명 그렇게 평가할 수 있다.

그러나 방금 말했듯이 스타벅스 노원KT점이 대로변 3개층 규모로 떡하니 버티고 있기에 매출의 상당 부분을 잠식당할 것이다.

이런 이유로 던킨도너츠 노원KT점의 하루 매출은 100만 원 정도로 본다. 이 정도면 던킨도너츠의 평균적인 매출이다.

⭐ 탐앤탐스 티티클럽 노원점

지금까지 작은 규모의 커피전문점 매출을 알아보았으니 이제 대형 커피전문점의 매출에 대해 알아보자. 노원역 9번 출구 앞에는 투썸플레이스도 있고 인근에 할리스커피 직영점·가맹점도 있지만 매출 차이가 극심해 소개하지 않고 탐앤탐스 티티클럽 노원점만 소개하고자 한다.

낙성대역의 투썸플레이스를 다룰 때부터 커피전문점은 대로변 입지가 매출이 더 좋다고 했다. 특히 대형 커피전문점은 대로변이 확실히 매출이 높은 경향이 있다. 그렇다면 탐앤탐스 티티클럽 노원점의 매출은 얼마나 될까? 나는 하루 200만 원 플러스마이너스 20만 원 정도로 본다.

그렇다면 이 도로변 상권이 그 정도로 좋은 걸까? 월 매출 6,000만 원이면 투썸플레이스, 파스쿠치 같은 브랜드에선 꽤 높은 편이기 때문이다.

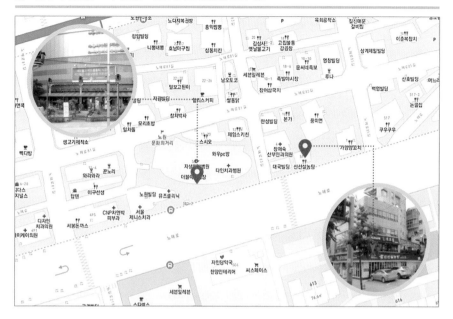

이에 대한 대답은 탐앤탐스 티티클럽 노원점 동쪽에 있는 신선설농탕 노원역점의 매출로 대신 하고자 한다.

넉넉한 주차장을 갖추고 있다면 같은 동선상의 대로변에 있는 신선설농탕 노원역점은 일 매출이 550만~600만 원일 것이다. 그러니 그 옆의 커피전문점 매출이 하루 200만~220만 원이라는 것은 그리 놀라운 일이 아닐 수 있다.

천호역

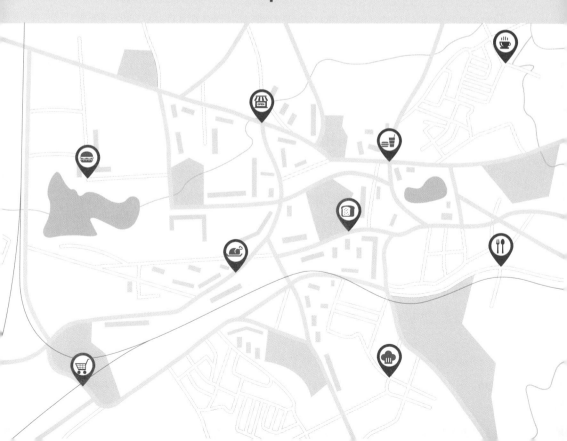

새로운 개발 없는 구상권이지만

이번 장은 지도가 아니라 지적도를 보며 이야기를 시작해보자. 지적도에는 색깔로 대강의 용도지역이 표시되어 있다. 〈그림 6-1〉의 지적도에서 붉은색으로 표시된 곳이 '국토의 계획 및 이용에 관한 법률' 상 일반상업지역이다. 그리고 노란색으로 표시된 곳이 2종 일반주거지역이다.

당연히 일반상업지역에 더 많은 상업시설과 업무시설이 몰려 있는데, 천호역은 사거리 상권이 현대백화점과 이마트가 있는 쪽으로 심하게 편중돼 있는 모양새다.

그렇다면 이곳에 있는 여러 프랜차이즈점의 매출은 어떨까?? 우선 〈그림 6-1〉에 나온 5곳의 매출을 파악해보자.

대로변 상가가 좋을까, 이면 안쪽의 상가가 더 좋을까? 이는 어쩌면 상가투자를 하려는 사람보다 소매점 창업을 하려는 이들에게 더 큰 고민거리일 수 있다. 상가를 임대 목적으로 사려 한다면 이미 조성된 시세를 감안해 매입하면

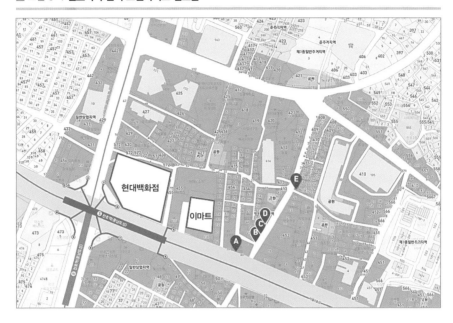

네이처리퍼블릭 천호점
일 매출 400만 원

맘스터치 천호로데오점
일 매출 220만 원

배스킨라빈스 천호점
일 매출 160만~180만 원

아리따움 천호점
일 매출 220만~250만 원

쥬씨 천호점
일 매출 100만 원

큰 도움이 된다. 또 특별한 사정이 없는 한 대로변의 부동산 가격이 더 비싸게 마련이다. 따라서 임대료 수준이 비슷하다면 저렴한 안쪽 상가를, 그렇지 않다면 대로변 상가에 투자하면 되는 것이다.

그러나 창업을 하려는 사람이라면 이야기가 달라진다. 이러한 갈등은 앞서 살펴본 낙성대역과 서울대입구역에서도 있었다. 그 고민이 천호역에서는 이면의 로데오골목으로 입점할 것인가, 대로변 자리로 입점할 것인가로 변한 것이다. 그동안은 이면 안쪽에 정확한 유효수요가 있었기 때문에 그리 어렵지 않았다. 하지만 천호역의 경우는 '로데오거리'다. 상권만 보고 답을 내리기가 참 어렵다.

인근의 유효수요가 아니라 다른 요인으로 인한 안쪽 상권의 활성도도 알아야 하고, 경쟁 강도도 함께 고려해야 하기 때문이다. 이면의 안쪽 상권이 더 좋다고 생각했는데 그곳에 경쟁점들이 옹기종기 모여 있으면 소매점 창업자에게 상권은 좋으나 매출은 좋지 않을 수 있기 때문이다.

그런 점에서 천호역 대로변에 있는 네이처리퍼블릭 천호점과 아리따움 천호점 간의 매출 비교는 꽤 재밌는 분석이었다. 네이처리퍼블릭 천호점은 인근에 못된고양이가, 아리따움 천호점은 미샤와 같은 경쟁점이 있기 때문이다.

⭐ 네이처리퍼블릭 천호점 vs 아리따움 천호점

대로변의 네이처리퍼블릭 천호점(A) 자리는 전에 더페이스샵이 있던 곳으로, 경쟁점보다 넓은 면적, 그리고 역세권 대로변 입지라는 강점이 있다. 서울대입구역 상권에서 경쟁력 있는 입지의 중저가 화장품점이 일 매출 400만 원 정도였다. 네이처리퍼블릭 천호점도 이와 비슷할 것으로 예상한다.

조사와 집필에 오랜 시간이 들어 변동사항이 많은데, 매출 조사를 한 뒤 책을 쓰던 2019년 11월에 인터넷 검색을 해보니 네이처리퍼블릭 천호점이 나오지 않았다. 폐점했을 것으로 짐작한다. 그러나 그 이유를 아는 것까지는 나의 능력 밖이라 여기서 다루지 못하는 점에 대해 독자 여러분의 양해를 구하고자 한다.

그렇다면 이면 안쪽 골목의 아리따움 천호점(D)은 매출이 얼마나 될까? 나는 하루 220만~250만 원 정도로 예상한다. 네이처리퍼블릭 천호점보다 좁은 면적, 브랜드 선호도의 차이, 캠페인 등 영업활동에 따른 차이가 이와 같은 매출 차이의 원인일 수 있다. 하지만 천호역 대로변과 이면의 입지 차이일 수도 있다.

아리따움 천호점을 비롯해 다른 점포들의 매출은 천호역 로데오거리의 상권 활성도에 대한 바로미터가 될 것이다. 이들 점포의 매출을 유사 입지의 매출과 비교해본다면 말이다.

⊛ 배스킨라빈스 천호점 & 쥬씨 천호점 & 맘스터치 천호로데오점

배스킨라빈스 천호점(C)은 160만~180만 원, 쥬씨 천호점(E)은 100만 원 초반, 맘스터치 천호로데오점(B)은 220만 원 전후의 일 매출을 보일 것으로 예상한다. 이들 프랜차이즈의 매출에 대해 한 마디 하자면, 과거 기억 속의 천호역 상권보다 좀 쇠퇴했다는 느낌이다.

노원역이나 서울대입구역 상권의 유사한 입지에 있는 점포들의 매출과 비교해보라. 배스킨라빈스와 맘스터치만 봐도 노원역보다 매출이 낮다. 그리고 바로 그 점이 내가 이 책을 쓰는 이유다. 어느 지역의 어느 상권이 '어느 정도 다'라는 척도로 동일한 프랜차이즈와 비교해내는 것 말이다.

⭐ 천호역이 노원역보다 상권이 떨어지는 이유

그렇다면 천호역 상권이 노원역 상권보다 다소 떨어지는 이유는 뭘까? 지도를 보면 금세 답이 나온다. 천호역 주변을 보면, 그 어디에도 대규모 신축 건물이 지어지고 새롭게 변신한 곳이 없어 보인다. 대규모 정비사업과 롯데몰 개발이 있는 인근의 잠실역과 상당한 대조를 보인다.

이렇게 되면 상권 내 유효수요의 연령대가 다른 상권에 비해 높아진다. 연령대가 높아지는 게 잘못된 일은 아니지만 아무래도 소비 성향이 20~40대를 따라가지 못한다.

이야기는 여기서 끝이 아니다. 이어지는 이야기에서 반전이 나온다. 이번에는 천호역 대로변과 로데오거리만 언급한 것이다.

파리바게뜨는 왜 뚜레쥬르보다
장사가 잘될까?

천호역 상권에는 파리바게뜨 2개점과 뚜레쥬르 1개점이 있다. 〈그림 6-2〉를 보자. 상권이 가장 발달한 곳은 단연 뚜레쥬르 천호로데오점(C) 쪽이다. 그러나 이 입지의 치명적인 단점을 꼽자면(상권이 약하다는 게 아니라 상권 내 위치의 단점) 코너가 아니기에 안쪽 로데오 골목의 동선(파란 점선)을 잡을 수 없다는 것이다. 대로변의 수요(파란 실선)만 잡을 수 있는 곳에 위치하고 있다.

이렇다 할 경쟁점이 모두 대로를 건너야 나온다는 장점도 분명히 있다. 현대백화점과 이마트 안, 그 외 곳곳에 크고 작은 베이커리들이 있겠지만 파리바게뜨가 없는 것만 해도 경쟁 강도가 낮아진다. 또한 카페형이라 커피 매출까지 있으니 대로변이라는 위치는 확실히 장점이다.

뚜레쥬르 천호로데오점의 일 매출은 250만~280만 원으로 예상하는데, 그렇다면 이에 비해 약간 열세한 상권에 위치한 파리바게뜨 천호중앙점(A)은 얼마나 팔고, 파리바게뜨 풍납사랑점(B)은 또 얼마나 팔까?

파리바게뜨 천호중앙점
일 매출 200만 원

파리바게뜨 풍납사랑점
일 매출 250만~280만 원

뚜레쥬르 천호로데오점
일 매출 250만~280만 원

✪ 파리바게뜨 천호중앙점 vs 파리바게뜨 풍납사랑점

파리바게뜨 천호중앙점과 풍납사랑점의 최대 단점은 유효수요의 성격이다. 상권의 범위는 넓은 편인데 모두 단독주택지이고 그마저도 다 저층에 오래된 집들이다. 거주자들의 연령대가 다소 높으리라 예상할 수 있는 대목이다. 그러면 베이커리 매출은 저조해진다.

〈그림 6-3〉을 보자. 북쪽의 파리바게뜨 천호중앙점의 안쪽 유효수요는 그야말로 낡은 주택가다. 점포가 있는 대로변이야 높다란 건물도 더러 있지만 대로변 수요만으로 영업을 하는 것은 아니지 않은가. 이에 비하면 남쪽의 파리바게뜨 풍납사랑점의 유효수요는 낡은 주택가 골목 정도는 아니다. 천호중앙점보다는 상권이 나아 보인다.

북쪽의 파리바게뜨 천호중앙점은 일 매출 200만 원, 남쪽의 풍납사랑점은 이보다 월등히 높은 250만~280만 원 정도로 본다.

마지막으로 독자 여러분께 드리고 싶은 질문이 있다. 과연 뚜레쥬르 천호로데오점과 파리바게뜨 풍납사랑점 중 우세한 입지는 어디일까? 임대료가 더 높은 곳은 어디일까? 둘의 매출이 비슷한 이유는 무엇일까? 이것이 브랜드 파워일까?

이에 대한 답은 독자 여러분께 남겨둔다.

유흥 상권 내 편의점은
얼마나 잘될까?

조금 전 천호역 로데오거리를 언급하면서 노원역의 동일한 프랜차이즈점 매출과 비교를 했다. 그러면서 노원역 상권이 좀 더 낫다고 했는데, 그렇다면 천호역 상권은 쇠퇴하고 있는 중인가? 흔히들 말하는 죽어가는 상권일까? 미리 말씀드리지만 그렇게 말하긴 이르다. 어쩌면 전혀 아닐 수도 있다.

먹자 상권, 유흥 상권의 활성화 정도를 조사할 때 편의점 매출은 꽤 괜찮은 척도가 된다. 식당이야 입지도 중요하지만 맛, 서비스, 가격 등 입지 외에도 영업에 중요한 요소가 많다. 하지만 편의점은 입지가 가장 중요하다고 할 수 있다. 그러니 먹자 상권 별로 편의점 매출만 잘 파악해놓아도 해당 상권이 어느 정도 활성화돼 있는지 파악하기 수월해진다.

그러니 〈그림 6-4〉를 보며 4개의 편의점 매출에 대해 알아보자.

GS25 천호점
일 매출 500만 원

미니스톱 천호현대점
일 매출 250만 원

GS25 천호위브점
일 매출 400만 원

세븐일레븐 천호사거리점
일 매출 500만 원

이들 편의점이 놓여 있는 길은 곧게 뻗어 있지도 않고 도로의 폭도 일정치 않다. 아주 좁은 길이다. 중앙선도 없고 주차장도 제대로 갖춰지지 않았다. 종로에서도 쉽게 볼 수 있는 전형적인 구도심 이면 상권의 도로다.

그런데 이런 이면 도로변은 전면지에 업무시설이 많거나 해당 상권이 유흥혹은 먹자 상권으로 쓰인다면 발전할 가능성이 높은 곳이기도 하다. 그런 점에서 이 골목길의 편의점 매출은 조사할 가치가 충분히 있다.

일단 대로변엔 현대백화점, 현대홈쇼핑, 이마트 등 대형 업무시설이 있다. 이들 3인방을 판매시설이라고만 생각해선 곤란하다. 백화점만 해도 많은 이들이 근무하고 있고, 홈쇼핑 본사도 마찬가지다. 대로변에는 이런 대형 업무시설 외에도 자잘한 업무시설들이 여기저기 흩어져 있다.

그렇다면 이곳의 먹자 상권 활성도는 어느 정도일까. 저렇게 서로 가까이 있는 편의점 4곳은 월세를 제대로 낼 수 있을 만큼 매출이 나올까? 앞에서 천호역 로데오거리는 노원역보다 다소 약세라고 했고, 그 이유는 구상권이며 뭔가 새로운 개발이 되지 않았기 때문이라고 했다.

하지만 지금 언급하려는 먹자 상권, 유흥 상권은 꼭 20대 젊은 층만 타깃으로 하지 않는다. 나처럼 배 나온 40대 아저씨들도 즐겨 찾는 곳이기 때문이다. 물론 나는 20대 때도 배가 나와 있었지만 말이다.

⭐ GS25 천호점

먼저 GS25 천호점(A)의 매출을 알아보자. 〈그림 6-5〉를 보면 사진으로는 잘 안보이지만 왼쪽으로 3개의 업무시설이 있다. 그리고 GS25 천호점 너머로는 숙박업소들이 있다. 서울대입구역의 GS25 관악봉천점을 기억하는가? 좌원룸 우모텔의 훌륭한 입지였다. 그런 점에서 이곳은 '배모텔 임업무' 입지다. 모텔을 등지고 업무시설을 바라보는 이 입지야말로 좌원룸 우모텔 부럽지 않다.

다만 입지분석을 해보지 않은 독자들이 보실 땐 도로가 반듯하지 않고 점포가 코너에 있지 않으며 전면이 좁은 점이 거슬릴 것이다. 이런 점들 때문에 영업이 그리 잘되지 않는 곳으로 보일 수 있다. 업계에선 이를 간판발이라고 부

> 모텔을 등지고 업무시설을
> 바라보는 입지다.

르는데 보기만 좋다는 뜻으로 매출에 크게 영향을 미치지 않을 때가 많다.

GS25 천호점에 대해 이렇게 좋게 평가했는데 매출은 어떨까? 당연히 좋다. 좌원룸 우모텔 편의점보다 매출이 좋을 것으로 본다. 하루 500만 원에 조금 못 미치는 어마어마한 수준이다. 이 매출이 어느 정도인지 감이 잡히지 않으실 텐데, 수도권에 드라이브 스루 형태로 지어진 스타벅스 매장의 매출이 보통 이 정도다. 차량이 수시로 드나들고 1층과 2층 매장 모두 손님이 가득 앉아 있고 넓은 주차장에 화려한 인테리어를 갖춘 커피전문점 매출과 배모텔 임업무의 GS25 천호점 매출이 맞먹는 것이다. 정말 대단하지 않은가.

⭐ 미니스톱 천호현대점

그렇다면 GS25 천호점 동쪽의 미니스톱 천호현대점(B)의 매출은 얼마나 될까? 미니스톱 천호현대점 역시 GS25 천호점처럼 업무시설을 앞에 두고 있다. 동선에선 조금 열세로 보이는데, 업무시설의 출입구가 아니라 후문 쪽에 있기 때문이다(하지만 후문 쪽이 언제나 열세인 것은 아니다. 출근만 정문으로 하고 식사나 담배 한 대 피우며 휴식을 취할 땐 후문을 이용하는 업무용 빌딩도 있다). 〈그림 6-7〉을 보면 미니스톱 천호현대점도 배모텔 임업무 입지다. 하지만 GS25 천호점이 두

▣ 그림 6-6 **현대홈쇼핑 출입구 쪽에서 본 GS25 천호점**

▣ 그림 6-7 **GS25 천호점과 같은 배모텔 임업무 입지의 미니스톱 천호현대점**

―――― 1일 매출로 보는

배는 더 매출이 높다. 나는 미니스톱 천호현대점의 일 매출을 250만 원 정도로 예상한다.

⊛ GS25 천호위브점

그렇다면 같은 먹자 상권에 있지만 보행자 동선에서 쑥 들어가 있는 데다 앞에 시야를 가리는 시설물도 많은 GS25 천호위브점(C)의 매출은 어떨까? 언뜻 보기엔 매출이 매우 저조할 것으로 보인다. 그러나 해당 입지는 대단지 오피스텔과 아파트가 합쳐진 주상복합을 머리에 이고 있다.

그런데 처음 GS25 천호위브점의 매출을 파악하고선 뭔가 이상한 기분이 들었다. 포털 사이트에서 검색해본 이 주상복합 건물의 세대 수로는 나올 리 없는 매출이었기 때문이다. 분명 앞의 유흥 상권도 활성화돼 있겠지만 접근하기

🔽 그림 6-8 **GS25 천호위브점**

가 매우 나쁘기 때문에 그리 좋은 매출이 나올 리 없었다.

한 포털 사이트 업체에는 337세대로 나와 있었고, 다른 업체에는 156세대로 나와 있었다. 337세대라 해도 자체 수요를 세대당 5,000원으로 가정하면 하루 170만 원이다. 그래서 신뢰할 수 있는 정부 사이트에 들어가 건축물대장을 열람했다. 건축물대장을 보니 오피스텔 360세대와 아파트 156세대가 어우러진 516세대 주상복합 건물이었다. GS25 천호위브점은 머리 위에 516세대를 얹고 있는 것이다.

매출은 하루 400만 원 정도로 본다. 건물 자체수요에서 거주민과 상가 근무인, 이용객이 하루 250만 원, 맞은편 먹자 상권에서 오는 이용객에 의한 매출이 하루 150만 원 정도일 것으로 예상한다.

⊛ 세븐일레븐 천호사거리점

이번에는 로데오거리 한가운데 있는 세븐일레븐 천호사거리점(D)을 보자. 매출을 예측하기 전에, 부동산 가격부터 예측해보자. 부동산 가격, 즉 임대료와 매매가는 이 4개의 편의점 중 어느 곳이 제일 비쌀까?

아마 세븐일레븐 천호사거리점이 가장 비쌀 것이다. 그렇다면 그만큼 비싼 값을 하고 있는지 매출을 살펴보자. 앞서도 언급했지만 로데오거리가 먹자 상권으로 형성돼 있는 게 아니라면 젊은 층이 많이 와줘야 하는데 천호 로데오거리는 조금 세력이 약한 편이다.

이러한 이유로 세븐일레븐 천호사거리점의 매출은 하루 500만 원 정도로 예상한다. 먹자 상권에서 나오는 수요, 로데오거리의 수요가 만나는 곳이다 보니 상권 내에서 가장 좋은 매출을 보이는 것이다. 하지만 높은 임대료를 감안하면, 이 자리가 창업자에게 가장 적합한 자리인지는 장담하지 못하겠다.

새로 생긴 영화관은
얼마나 호재일까?

내가 투자를 하거나 창업을 하려는 상가 인근에 영화관이 들어온다면 어떨까? 대개는 대단한 호재로 생각한다.

영화관을 이용하러 오는 사람들로 인해 상권이 살아날 것 같기 때문이다. 또 그 일대 상권에서 하나밖에 없는 영화관이 들어온다는 건, 그 자리를 가장 좋은 입지로 보고 있다는 뜻으로 받아들이기 때문이다. 그러나 영화관 인근 프랜차이즈점들의 매출에 대해 분석한 사례는 막상 찾을 수가 없다. 그래서 한번 다뤄보고자 한다.

〈그림 6-11〉을 보면 롯데시네마에 가장 가까운 점포는 세븐일레븐 성내시네마점(C)이다. 유명 패스트푸드점과 나란히 입점한 이 점포는 영화관 이용객이 편의점을 이용하려 할 때 가장 쉽게 발길이 닿는 곳이다.

그렇지만 나는 이러한 상권분석을 즐겨 하지 않는다. 해당 상권을 먹여 살릴 유효수요가 어디 있고, 그들이 생활하는 동선 중 가장 활발한 곳, 즉 주동선이

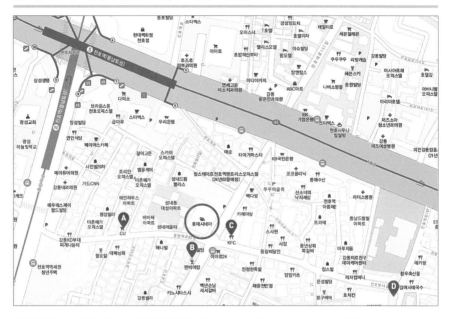

CU 성내시네마점
일 매출 170만 원

아리따움 강동성내점
일 매출 90만~100만 원

세븐일레븐 성내시네마점
일 매출 180만 원

GS25 성내이안점
일 매출 250만 원

어디인지 찾는 것이 최우선이다. 그렇게 분석하던 중 동선상에 영화관이 하나 보인다면 약간 참고할 뿐이다.

특히 영화관은 해당 지역의 가장 좋은 상권에 입점한다는 믿음은 상당히 위험하다. 왜 그럴까? 우선 점포들의 매출을 들여다본 후 이야기를 맺어보자.

⭑ 세븐일레븐 성내시네마점

세븐일레븐 성내시네마점은 왕복 2차로를 앞에 두고 롯데시네마와 마주 보고 있다. 그런데 로데오거리만큼 상권이 활성화된 느낌이 아니다. 많은 이들이 생각하듯 영화관이 입점한 건물이라면 인근에서 가장 좋은 입지의 상가일 텐데 어찌된 일일까?

우선 영화관이 입점한 건물이 가장 좋은 입지라는 건 위험한 생각이다. 메가박스, 롯데시네마 등은 가맹사업을 하기 때문에 건물주와 수익을 나누는 방식으로 개점한 곳이 많다. 그러니 건물주들은 높은 금액으로 임대나 분양이 되지 않는 고층 상가에 영화관을 유치하게 된다. 또한 영화관 입장에선 위치를 찾아 일부러 방문하는 고객이 많다 보니 굳이 임대료가 비싼 1입지를 찾지 않아도 된다.

◀ 그림 6-12 **롯데시네마 맞은편의 세븐일레븐 성내시네마점**

지도에서 영화관을 지워내고 세븐일레븐 성내시네마점의 매출을 예상해보자. 남쪽으로 주택가 상권이 이어지지만 학원가도 유흥가도 아닌 그야말로 주택가 상권이다. 이런 입지의 세븐일레븐 성내시네마점 매출은 하루 180만 원 전후로 본다. 골목길 상권이라도 안쪽 주택가에 경쟁점이 없다면 매출이 더 높을 수도 있으나 편의점 같은 업종은 그러기가 쉽지 않다. 〈그림 6-11〉의 지도 상에도 CU 성내시네마점(A)이 있지 않나. 그렇다면 CU 성내시네마점은 매출이 얼마나 나올까?

⊛ CU 성내시네마점

사실 CU 성내시네마점은 영화관과 아무 상관없는 매출을 보이고 있는 곳이다. 〈그림 6-13〉을 보자. 영화관과는 멀찍이 떨어져 있고 인근의 원룸과는 찰싹 붙어 있다. 이런 입지의 장점과 매출에 대해서는 낙성대역, 서울대입구역 상권분석에서 많이 다뤘다. 그러니 이번에는 어설픈(?) 영화관 앞의 경쟁 편의점과 매출을 비교하는 정도로만 다뤄보자.

CU 성내시네마점의 매출은 하루 170만 원을 조금 상회할 것으로 본다. 2018년에 조사한 금액이므로 이후 원룸이나 오피스텔이 더 들어섰다면 매출은 더 높을 수 있다. 그렇다면 대로변의 세븐일레븐 성내시네마점보다 많을지도 모른다. 그리고 지금 이 두 점포의 매출은 매우 비슷할 것으로 본다.

또한 두 점포의 부동산 가격(임대료, 매매가, 토지공시가 등)은 매우 차이가 날 것이다. 이는 편의점 창업을 원하는 독자에게 반드시 도움이 되는 정보라고 생각한다.

⭐ 아리따움 강동성내점

롯데시네마가 주변의 편의점 매출에 별 영향을 주지 않는다면, 그 사거리에 있는 아리따움 강동성내점(B)의 매출은 어떨까?

아리따움 같은 화장품 프랜차이즈 가맹점은 하루 100만 원, 한 달이면 3,000만 원 정도를 팔아야 건물주도 가맹점주도 여유가 있다. 한 달 인건비 400만 원, 상품 매입과 기타 비용 1,400만 원, 월세 등을 지출해야 하기 때문에 일 매출이 100만 원은 돼야 점주도 투자 금액에 대비해 괜찮은 수익을 올릴 수 있다. 그래서 나는 화장품점은 일 매출이 100만 원 이상인 입지에 개점해야 한다고 생각해왔다.

그리고 아리따움 강동성내점이 바로 그런 매출을 보일 것으로 예상한다. 일 매출 90만~100만 원이면 3억 원에 가까운 투자를 하는 화장품점으로서 아주 스탠다드한 입지가 바로 이런 입지다. 물론 훌륭하다는 뜻이 아니다. 이보다 더 나쁜 입지는 안 된다는 의미다.

✪ GS25 성내이안점

그렇다면 골목 안쪽에 주거지만 있는 곳의 GS25 성내이안점 매출은 어떨까. 같은 천호역 배후지역이지만 역과 거리가 멀어 역세권 상권이라 할 수가 없는 곳이다. 영화관과도 당연히 거리가 멀다.

〈그림 6-14〉를 보자. 지도에 파란 실선으로 표시한 동선은 꽤 의미 있다. 이 처럼 한 블록을 관통하는 두 개의 도로, 특히 남-북, 동-서를 관통하는 도로를 낀 입지가 주거지역 안에서는 늘 각광을 받는다.

임대료 시세는 주변과 크게 다르지 않겠지만, 어떤 업종이든 임대료는 세입자의 매출 수준에 따라 달라진다.

GS25 성내이안점의 일 매출은 250만 원을 조금 상회할 것으로 예상한다. 같은 건물에 중형 마트가 입점해 있지만 농축산물 같은 1차 상품이 강한 마트라 편의점과 수요층이 구분되는 데다 해당 마트는 담배 판매권도 없기 때문에 경쟁점이라고 할 수 없다.

요는, 영화관 앞 세븐일레븐 성내시네마점보다 관통도로 2개를 낀 GS25 성내이안점의 매출이 월등히 높다는 점이다.

⬇ 그림 6-14 세븐일레븐 성내시네마점보다 좋은 입지의 GS25 성내이안점

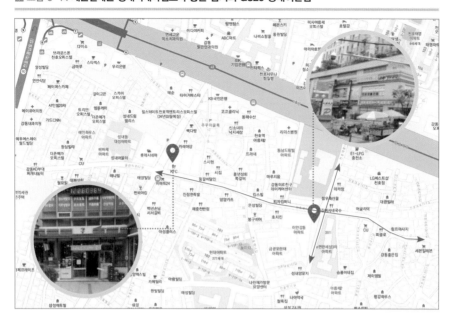

―――― 1일 매출로 보는

불광역 & 연신내역

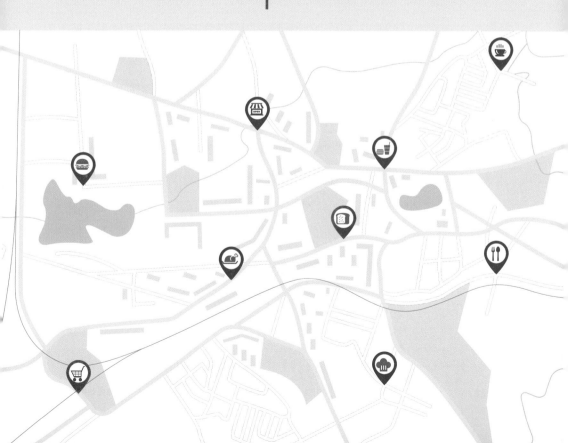

은평구의 뜨거운
두 역세권

불광역과 연신내역 모두 3호선과 6호선이 지나는 더블 역세권이다. 하지만 상권의 크기는 조금 다르다. 일단 지도만 봐도 연신내역 상권이 좀 더 크다는 사실을 계산해낼 수 있다.

우선 불광역 편의점 매출을 파악해볼 텐데, 솔직히 매번 편의점 매출부터 알아보는 것이 글을 쓰는 나도 슬슬 지겨워지기 시작한다.

하지만 어쩌랴. 편의점 매출만큼 그 지역 상권의 활성도를 가늠하기 좋은 지표도 없으니 말이다. 다양한 업종, 다양한 브랜드의 매출을 아는 것도 중요하지만, 동일한 업종으로 여러 지역의 매출을 알아내면 확실히 지역별 비교가 가능하므로 유용하다.

내가 왜 이런 말을 할까? 지겹더라도 계속 봐주시길 바라는 마음 때문이다.

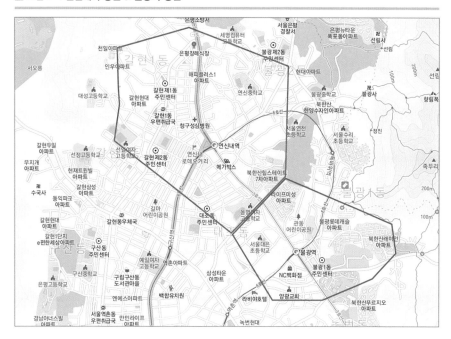

★ 세븐일레븐 불광제일점

〈그림 7-2〉를 보자. 불광역에서 내가 가장 먼저 조사하고 싶었던 곳이 세븐일레븐 불광제일점(D)이다. 이 점포의 매출을 알면 이 지역 먹자 상권이 얼마나 활성화돼 있는지 알 수 있을 테니 말이다.

조사한 바에 따르면 세븐일레븐 불광제일점의 일 매출은 270만~300만 원이다. 이 정도 매출이면 먹자 상권에서 우량한 편이다. 하지만 앞서 본 천호역 먹자 상권에 비하면 다소 저조하다. 그러기에 불광역 먹자 상권의 활성도는 천호역의 70~80% 정도로 본다.

⊡ 그림 7-2 불광역 & 연신내역 주변의 프랜차이즈 점포들

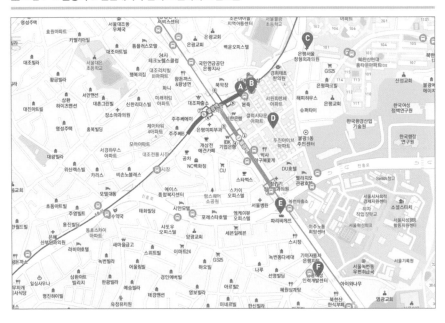

파리바게뜨 불광현대점
일 매출 130만~150만 원

배스킨라빈스 불광현대점
일 매출 110만~130만 원

뚜레쥬르 불광현대점
일 매출 130만~150만 원

세븐일레븐 불광제일점
일 매출 270만~300만 원

파리바게뜨 불광역점
일 매출 270만~300만 원

GS25 녹번점
일 매출 200만 원

——— 1일 매출로 보는

⭐ 파리바게뜨 불광현대점 vs 뚜레쥬르 불광현대점

그렇다면 또 하나 궁금한 것이 있다. 이 먹자 상권 대로변 초입에 있는 파리바게뜨 불광현대점(A)의 매출이다. 대로변의 번듯한 자리에 있지만 안쪽 주거지 상권이 그리 볼륨이 커 보이지 않는다.

게다가 지하철역을 나와 동쪽의 주거지역 사람들이 이용할 것이라고 하기엔, 현대아파트 사람들까지 유효수요의 범위에 넣기에 한계가 있다. 바로 경쟁점 뚜레쥬르 불광현대점(C)이 있기 때문이다.

근거리 유효수요는 상권의 성격도 베이커리와 궁합이 맞지 않는 먹자 상권인 데다 볼륨도 작다. 주거지역이 있긴 하지만 그 역시 수가 적다. 조금 떨어진 거리에 있는 주거지역은 볼륨이 크지만 그 앞엔 타 브랜드의 경쟁점이 있다.

파리바게뜨 불광현대점과 경쟁점인 뚜레쥬르 불광현대점의 매출은 비슷한 수준일 것이다. 둘 다 130만~150만 원 정도의 일 매출을 예상한다. 베이커리 1개만 들어가면 딱 좋은 자리에 2개 점포가 입점한 결과다. 그리 오래가지 않아 둘 중 하나가 문을 닫을 가능성도 점쳐지지만, 그렇다고 일 매출 130만 원이 당장 폐점해야 할 정도는 아니기에 쉽게 말하긴 어렵다. 게다가 투자금도 상당하지 않은가. 무엇보다 나는 내가 파악한 매출만 이야기하고 싶지 두 가맹점주에게 불쾌감을 줄 수 있는 이야기는 삼가고 싶다.

⭐ 배스킨라빈스 불광현대점

파리바게뜨 불광현대점 옆에는 배스킨라빈스 불광현대점(B)이 있다. 이곳은 얼마나 장사가 잘될까? 먹자 상권에선 베이커리보다 아이스크림점이 더 어울릴 것처럼 보이는데 말이다. 배스킨라빈스 불광현대점은 일 매출을 110만 ~130만 원 정도로 예상한다.

양옆의 두 베이커리보다는 낮지만, 인건비가 훨씬 적은 손익 구조와 운영의 수월함을 생각하면 가맹점주와 임대인 모두 두 베이커리보다 수입이 좋을 것이다. 대부분의 베이커리는 아침 6시에 문을 열어야 모닝 빵 같은 것을 구워 7시에 내점한 손님을 맞을 수 있다. 하지만 아이스크림점은 첫 손님이 대개 아이들을 학교를 보내고 찾아오는 주변 엄마 고객들이다. 그래서 11시 즈음에 문을 연다.

⭐ 파리바게뜨 불광역점

그렇다면 길 건너 파리바게뜨 불광역점(E)의 매출은 어떨까? 내가 점포개발을 할 때 이 자리를 편의점 자리로 추진했는데 본부에서 '흐르는 입지'라고 반대를 했다. 사거리의 훤한 자리로 간판발은 좋지만 내실이 없는 자리라는 게 당시 출점 미팅 때 나온 의견이었다.

안쪽에 경쟁점이 있으니 편의점 입지로는 그럴 수 있다. 괜히 임대료만 비싸고 유동인구만 많지 객단가는 낮아 '뜨내기 장사'만 하게 될 우려가 있다. 하지만 베이커리라면 이야기가 달라진다.

파리바게뜨 불광역점은 270만~300만 원의 일 매출이 나올 것으로 본다. 근거리에 경쟁점이 없다는 게 가장 큰 장점이다. 게다가 주변의 다른 베이커리와 달리 2층엔 좌석까지 갖추고 있어 카페 매출도 제법 보탬이 될 것이다.

이번에는 더 안쪽에 있는 GS25 녹번점(F)을 보자. 일 매출이 200만 원을 상회할 것으로 추정한다. 주거지 상권에서 편의점이 하루 200만 원 이상 판매하는 것이다.

그러니 배후에 주거지 유효수요가 있고, 가까이에 이런저런 시설들의 유효수요가 있으며, 유동인구를 확보한 파리바게뜨 불광역점이 하루 270만~300만 원의 매출을 기록하는 것이다. 하나의 사례로 기억해두고 참고하자.

당신은 KFC의 건물주가 될 안목이 있는가?

〈그림 7-3〉은 KFC 연신내역점으로, 전에는 엔제리너스가 전층을 쓰고 있었다. 그보다 전에는 작은 규모의 다양한 소매점들이 들어 차 있던 곳이다.

이 물건이 경매에 나왔을 때 강의를 하고 있던 나는 수강생들에게 입찰을 권했는데, 경매 감정가가 19억 원이었다. 내 눈엔 너무나 낮은 평가액이었다. 기존 세입자와 명도 협의만 잘된다면 얼마든지 값비싼 물건으로 만들어낼 자신

📌 그림 7-3 **KFC 연신내역점으로 변신한 경매 물건**

경매 **2013타경24920(2)**

서울서부지방법원 본원 3계(02-3271-1323)

근린시설 토지·건물 일괄매각

매각기일 **2014.07.22 화(10:00)**

서울특별시 은평구 대조동 185-24 전자지도 도로명주소검색

토지면적	114.7㎡ (34.7평)	소 유 자	감 정 가	1,943,116,400
건물면적	432.8㎡ (130.9평)	채 무 자	최 저 가	(100%) 1,943,116,400
개시결정	2013-12-12 (임의경매)	채 권 자	주식회사 스마일저축은행의 파산관재인 예금보험공사	보 증 금	(10%) 194,320,000

오늘: 1 누적: 42 평균(2주): 0

구분	입찰기일	최저매각가격	결과
	2014-05-13	1,943,116,400원	변경
1차	2014-07-22	**1,943,116,400원**	

낙찰 2,939,000,000원 (151.25%)

(입찰46명,낙찰 농○○)
차순위금액 2,823,100,000원)

매각결정기일 2014.07.29 - 매각허가결정

대금지급기한 2014.09.03

대금납부 2014.09.03 / 배당기일 2015.02.25

서울특별시 은평구 대조동 일반 185-24

대 ❓   면적   114.7 ㎡

14,250,000원 (2019/01) 🔍 연도별 보기

「국토의 계획 및 이용에 관한 법률」에 따른 지역·지구등	도시지역, 일반상업지역, 지구단위계획구역(연신내지구,자세한 사항 별도 확인-도시계획과), 도시철도(저촉)
다른 법령 등에 따른 지역·지구등	가축사육제한구역<가축분뇨의 관리 및 이용에 관한 법률>, 대공방어협조구역(위탁고도:77-257m)<군사기지 및 군사시설 보호법>, 건축선<서울특별시 도시계획 조례>, 과밀억제권역<수도권정비계획법>

정여부

「토지이용규제 기본법 시행령」
제9조4항 각 호에 해당되는 사항

범례

■ 일반상업지역
□ 지구단위계획구역
□ 하천구역
□ 건축선
□ 대공방어협조구역
□ 시장
□ 도시지역
□ 일반철도
□ 도시철도

□ 작은글씨확대 축척1 / 600 ▼   변 🔍 도면크게보기

이 있었다.

점포개발을 하며 연신내역이 어느 급의 상권인지 잘 알고 있었기에 일반상
업지역의 34.7평이 몹시 마음에 들었다. 최소한 평당 1억 원은 할 것이고, 그러
려면 밸류 업을 해야 한다는 게 관건이었다. 상가 건물의 밸류 업은 좋은 세입
자를 들이는 게 최선이다.

이를 위해 인근의 스타벅스 연신내역점 매출부터 조사했다. 월 1억 원에 가
까운 매출을 확인한 나는 유사한 커피빈 점포개발부서에 연락을 해 해당 자리
에 입점이 가능한지 문의했다. 담당자는 검토를 마친 후 가능하다는 답변을 해
왔다. 단, 구체적인 조건 협의는 건물 매입이 끝난 후 하는 게 좋겠다고 했다.

일단 든든한 카드 하나는 쥔 셈이었다. 세입자를 맞춰놓고 경매를 진행할 순
없으니 1~2개 프랜차이즈로부터 입점이 가능하다는 말만 들어놓아도 여간 마
음이 푸근한 게 아니었다.

문제는 신고된 현재 임차료였다. 보증금 1.7억 원에 월세 1,000만 원 수준이
니 얼마나 더 인상할 수 있을지 가늠이 안 됐다. 어떤 말로 꼬드겨도 커피빈 쪽
에서는 '이 정도는 가능'이라는 답변을 주지 않고 매출의 15% 이내에서 가능
할 거라고만 했다. 커피빈이 1억 원어치를 팔아야 월세 1,500만 원을 받을 수
있다는 말인데, 건물 내부가 좁아 확신할 수가 없었다.

결국 정확한 예상 임대료를 뽑지 못한 상태에서 토지 시세만 믿고 20억 원
중반대에 입찰을 했다. 하지만 농협은행과 더 현명한 몇몇 투자자들에게 져 고
배를 마셨다.

이후 이 책을 준비하다 우연히 KFC가 입점한 사실을 알게 됐다. 등기부와
부동산 실거래가 사이트를 확인해봤다. 이 물건은 경매 이후 30억 원 초반에

임차인	점유부분	전입/확정/배당	보증금/차임	대항력	배당예상금액	기타
■임차인현황		말소기준권리 : 2010.04.13 배당요구종기 : 2014.03.04				
송정인	점포 1층 전면 중앙 (큐브)	사업자등록 : 2012.04.10 확 정 일 : 2012.04.10 배당요구일 : 2014.03.03	보30,000,000원 월2,000,000원 환산23,000만원	없음	배당순위있음	
이대련	점포 1층 좌측 (신우공인중개사사무소)	사업자등록 : 2009.06.30 확 정 일 : 미상 배당요구일 : 없음	보25,000,000원 월1,760,000원 환산20,100만원	있음	전액매수인인수	
이칠용	점포 지하 1층 (중년애들리)	사업자등록 : 2001.11.01 확 정 일 : 2014.02.17 배당요구일 : 2014.02.18	보12,000,000원 월600,000원 환산7,200만원	없음	미배당보증금 매수 인인수	
정혜은	점포 3층 전부 및 4층 일부 (에이치스타일헤어살롱)	사업자등록 : 2012.06.01 확 정 일 : 미상 배당요구일 : 2014.03.04	보30,000,000원 월1,650,000원 환산19,500만원	없음	배당금 없음	현황서상 차임:198만 원
추미정	점포 2층 전부 (방법두루치기)	사업자등록 : 2012.08.13 확 정 일 : 2014.03.04 배당요구일 : 2014.03.04	보40,000,000원 월2,750,000원 환산31,500만원	없음	배당금 없음	
황병수	점포 1층 중 30㎡ (속옷나라)	사업자등록 : 1998.10.01 확 정 일 : 2014.03.04 배당요구일 : 2014.03.04	보40,000,000원 월1,650,000원 환산20,500만원	있음	미배당보증금 매수 인인수	현황서상 사:2011.06. 29
임차인수 : 6명 , 임차보증금합계 : 177,000,000원, 월세합계: 10,410,000원						

매매가 됐는데 매수자는 20억 원 정도의 융자를 끼고 매입한 듯했다.

그런데 부동산중개소에 들러 이런저런 조사를 하던 어느 날이었다. 중개소 장님이 이렇게 말했다.

"그 집? 60억 원에 내놨어. 누가 평당 2억에 살지 모르겠지만 보증금 7억, 월세 2,000만 원에 들어 있대."

독자들은 이제 궁금할 것이다. 과연 KFC의 매출이 월세 2,000만 원을 감당할 수 있을 만큼 많을까? 매출만 나온다면야 GTX-A도 들어오겠다, 매도자가 얼마에 매입했는지도 알겠다, 가격 흥정이라도 한번 붙어볼 만하지 않겠나?

나는 매출을 알지만 말하지 않으련다. 독자 여러분도 모든 방법을 동원해서 조사해보시라. 우리가 이 책을 준비하면서 얼마나 많은 땀을 흘렸는지, 얼마나 가치 있는 일을 한 것인지 알게 될 것이다. 매출을 안다는 건 확실히 상가 물건을 보는 마지막 한 수다.

매출을 높이는 신의 한 수, 후문 만들기

불광역은 남쪽보다 북쪽이 유효수요가 더 많다. 남쪽은 서울혁신파크 등 면적은 넓으나 사기업만큼 근무인이 많지 않을 공기업들이 자리를 차지하고 있다. 반면 북쪽은 주택들이 밀도 있게 모여 있다. 특색 있는 시설물은 적지만 유명 프랜차이즈점은 이쪽에 좀 더 몰려 있다.

이제부터 하나씩 매출을 분석해보기로 하자. 그중에서도 우리에게 메시지를 전해주는 던킨도너츠 불광역점부터 살펴보자.

★ 던킨도너츠 불광역점

나는 이곳을 보자마자 매출이 나쁠 것을 한눈에 알았다. 왜 그랬을까? 지하철역 앞 입지라고는 하나 근처에 출구가 없다. 지도에 파란 점선의 동그라미로 표시한 곳이 출구인데, 던킨도너츠 불광역점(G) 앞에는 없다.

CU 불광대조점
일 매출 200만 원

파리바게뜨 불광로데오점
일 매출 220만~250만 원

배스킨라빈스 불광역점
일 매출 150만~170만 원

롯데리아 불광점
일 매출 180만~200만 원

GS25 대조해오름점
일 매출 220만~ 250만 원

세븐일레븐 불광역점
일 매출 160만~180만 원

던킨도너츠 불광역점
일 매출 70만 원

앞서 노원역에 대해 알아볼 때 입점을 가장 잘못한 곳이 GS25 노원롯데점
이라고 했다. 아파트 출입구가 없기 때문이다. 물론 쪽문은 있겠지만 말이다.
이처럼 지도를 적당히 훑어볼 때는 그럴싸하지만 사실은 입지가 좋지 않은 경
우, 대부분은 출구까지 확인하지 않았기 때문이다.

던킨도너츠 불광역점도 그렇다. 〈그림 7-7〉을 보자. 던킨도너츠 불광역점은
역 사거리에 있다. 하지만 그래서 뭐 하나. 그 앞에 지하철역 출구가 없는데. 만
약 출구가 있었다면 동선은 파란 점선처럼 됐을 것이다. 그렇다면 북쪽의 불광
초등학교 주변이 주된 유효수요일 텐데, 파란 실선으로 표시한 두 개의 동선으
로 흩어질 게 빤하다.

⬇ 그림 7-7 던킨도너츠 불광역점

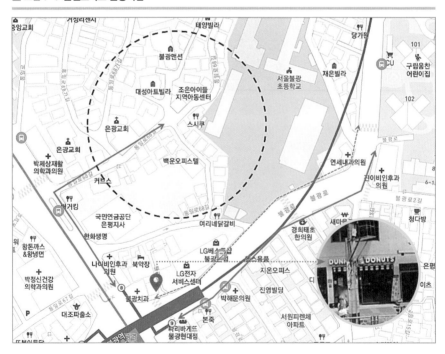

게다가 지하철을 이용하지 않더라도 올 근거리 사람들이라도 좀 있으면 좋으련만 너무 가까이에 초등학교 운동장이 떡하니 자리 잡고 있다. 얼핏 번듯해 보이지만 장사가 안 되는 전형적인 입지다. 던킨도너츠 불광역점은 70만 원을 조금 넘는 일 매출이 나올 것으로 본다. 도넛이라는 아이템이 옛날만큼 인기가 있는 것도 아니니 애써 찾아오는 사람들 수가 제한적일 수밖에 없지 않겠나.

★ 롯데리아 불광점

그렇다면 던킨도너츠 불광역점 맞은편의 롯데리아 불광점(D)은 어떨까? 〈그림 7-8〉에서 보는 것처럼 인도에서 쑥 들어가 있다. 업계 말로 야장을 깔고 장사하는 업종이 선호할 입지다. 15년 전쯤 사당동에서도 꽤 유명한 패스트푸드점이 저렇게 쑥 들어간 입지에 입점 후 고전을 면치 못하다 문을 닫았다.

⬇ 그림 7-8 **롯데리아 불광점**

북쪽에 초등학교를 낀 주거지가 있고 불광역 출구도 가깝지만 동선에서 안으로 쑥 들어간 입지 때문에 일 매출은 180만~200만 원 정도 예상한다. 다음 장에서 연신내역 롯데리아와 매출을 비교하면 연신내역과 불광역의 상권 규모를 비교할 수 있을 것이다.

✪ 파리바게뜨 불광로데오점 & 배스킨라빈스 불광역점

롯데리아 불광점 북쪽에는 파리바게뜨 불광로데오점(B)과 배스킨라빈스 불광역점(C)이 있다. 두 점포 모두 북쪽 유효수요의 주동선상에 있어 안정적인 매출을 보일 것으로 생각한다. 파리바게뜨 불광로데오점은 하루 220만~250만 원, 배스킨라빈스 불광역점은 150만~170만 원으로 매출을 예상한다.

✪ CU 불광대조점

〈그림 7-9〉를 보자. 이 사진을 보고 CU 불광대조점(A)이 하루 200만 원 정도의 매출을 올린다고 말할 사람이 몇이나 될까? 사실 점포개발을 해본 사람이라 해도 그보다 훨씬 낮은 매출을 말하는 것이 옳다. 먹자 상권이 아주 활성화된 곳이어야 저런 골목길에서 200만 원 정도의 일 매출이 나온다. 그럼에도 나는 CU 불광대조점 일 매출이 200만 원 이상일 것으로 본다. 그 이유는 다음과 같다.

CU 불광대조점은 일반상업지역에 있다. 앞서 설명했듯이 일반상업지역은 고밀도 개발이 가능하다. 그래서 다락같이 높은 건물에 빽빽이 원룸을 채워 넣

그림 7-9 **CU 불광대조점**

그림 7-10 **CU불광대조점 후문**

후문

었다. 그런 원룸 건물 앞면에 CU 불광대조점은 후문을 두고 있다. 이 후문에서 받쳐주는 매출이 어마어마하다. 구조상으로는 후문, 매출로는 대문이다.

앞으로 CU 불광대조점과 같은 입지에 상가건물을 짓거나 점포 창업을 한다면 별도로 후문을 내는 것을 반드시 고려해보자. 후문 하나만으로도 비코너 점포지만 코너 점포의 효과를 톡톡히 누릴 수 있다. 물론 후문 쪽에 이렇다 할 시설이 없다면 낼 필요가 없다.

★ GS25 대조해오름점

GS25 대조해오름점(E)도 마찬가지다. 사방 천지가 높다란 원룸 건물이다. 〈그림 7-11〉에는 보이지 않지만 맞은편도 비슷한 건물들로 꽉 차 있다. 지도만 놓고 보면 장사가 잘되기 어려운 입지지만, 근거리 유효수요로 인해 꽤 괜찮은 입지라 평가한다. 매출은 CU 불광대조점과 비슷한 하루 220만~ 250만 원 정도로 예상한다.

★ 세븐일레븐 불광역점

세븐일레븐 불광역점(F)은 불광역 사거리에서 가깝고 7번 출구와도 매우 가깝다. 그렇다면 매출도 좋을까? 결론부터 말하면, 절대 아니다. 지하철역 출구 캐노피 뒤편은 매출이 좋지 않다. 안쪽의 수요를 잡으려면 코너 입지여야 한다.

앞에서 미니스톱 남현점(폐점) 이야기를 했는데, 세븐일레븐 불광역점은 미니스톱 남현점과 닮은 점이 많다. 이처럼 대로변이며 안쪽의 유효수요를 잡지 못하는 입지는 대개 유동인구 대비 매출이 저조하다. 게다가 면적도 좁다.

이렇게 되면 편의점의 경우 객단가가 무척 낮아진다. 매출은 내점객 수에 객단가를 곱한 값이다. 처음 상가의 입지를 볼 때는 대부분 내점객만 생각하지 객단가를 생각하지 못한다. GS25 대조해오름점보다 객단가가 1,000원가량 낮

■ 그림 7-11 **원룸 건물 사이의 GS25 대조해오름점**

■ 그림 7-12 **불광역 7번 출구 캐노피 뒤의 세븐일레븐 불광역점**

을 수도 있다. 내점객이 하루 400명이면 일 매출이 무려 40만 원이나 낮아지는 것이다. 이러한 이유로 세븐일레븐 불광역점의 일 매출은 160만~180만 원 정도를 예상한다. 조금 전에 살펴본 두 점포와 비교하면 시사하는 바가 크다.

커피전문점,
인테리어보다 외관

앞서 언급한 대로 연신내역은 불광역보다 유효수요의 면적이 크다. 그래서 지하철역마다 1개점 정도만 입점하는 브랜드의 경우 대개 불광역보다 매출이 좋다. 연신내역에서는 배스킨라빈스, 롯데리아 등이 이에 해당된다. 그러니 이번에는 편의점이 아니라 커피전문점이나 베이커리 매출을 통해 불광역 상권과 연신내역의 상권의 크기를 비교해보자.

★ 파리바게뜨 연신내점

유통회사에서 점포개발을 좀 해본 사람이라면 파리바게뜨 연신내점(연신내역점이 아님에 주의)이 프랜차이즈 베이커리 중 가장 매출이 높다는 사실쯤은 다 알고 있다. 파리바게뜨 연신내점(A)의 일 매출은 800만 원 정도다. 이 많은 매출이 과연 어디서 나오는 걸까?

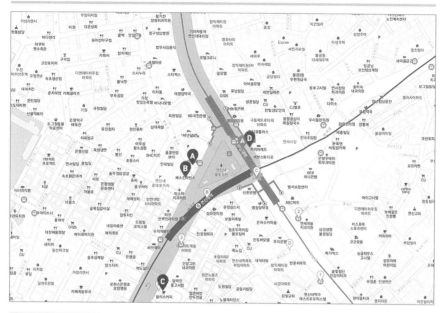

파리바게뜨 연신내점
일 매출 800만 원

배스킨라빈스 연신내역점
일 매출 420만~460만 원

할리스커피 연신내점
일 매출 600만~700만 원

뚜레쥬르 연신내역점
일 매출 170만~190만 원

파리바게뜨 연신내역점
일 매출 210만~240만 원

일단 연신내역 사거리를 기준으로 파리바게뜨 연신내점이 있는 서북쪽에는 이렇다 할 경쟁점이 없다. 게다가 안쪽의 유효수요로 들어가는 길도 매우 깊다. 그러니 자연스레 유흥 상권으로도 발전하게 된다. 이런 입지에서 넉넉한 면적의 카페형으로 영업을 하니 이처럼 어마어마한 매출을 올리는 것이다. 이 매출 하나만으로도 연신내역 상권의 규모를 가늠할 수 있는 대목이 아닐까.

★ 배스킨라빈스 연신내역점

파리바게뜨 연신내점 바로 옆에 배스킨라빈스 연신내역점(B)이 이웃하고 있다. 1층과 2층 모두 사용하는 넓은 매장인데, 외관부터가 연신내스럽다. 어지간히 좋은 상권이 아니라면 그토록 넓은 면적으로 영업할 생각조차 못한다.

2006년쯤 배스킨라빈스 연신내점이라고 11평짜리 매장이 있었다. 하루 170만 원 정도로 매출이 꽤 높았다. 그 가맹점주가 뚜레쥬르 연신내역점 매장으로 이용 중이던 점포를 인수하며 지금 자리로 이전을 한 것이다. 이렇게 다시 태어난 배스킨라빈스 연신내역점의 일 매출은 420만~460만 원으로 엄청나다.

★ 뚜레쥬르 연신내역점 vs 파리바게뜨 연신내역점

배스킨라빈스 연신내역점에서 길을 건너보자. 맞은편에 나란히 있는 뚜레쥬르 연신내역점(D)과 파리바게뜨 연신내역점(D)의 매출은 어떻게 다를까? 나 역시 정말 궁금했다. 거의 똑같은 입지에 똑같은 면적, 건물의 외관마저도 닮아 있는 점포다. 그러니 매출에 차이가 있다면 브랜드 파워와 가맹점주의 영업력의 차이 아닐까.

매출은 뚜레쥬르 연신내역점이 170만~190만 원, 파리바게뜨 연신내역점은 210만~240만 원으로 본다. 조사하면서 내가 놀란 점은, 연신내역 2번 출구 앞 상권이 이토록 볼륨이 크다는 사실이다. 연신내역 1번 출구와 2번 출구 뒤쪽의 불광동 구도심은 재개발사업이 무산되고 대신 도시재생사업이 진행 중인 곳이다(향린동산 도시재생사업). 그만큼 노후된 지역이고 이로 인해 유효수요가 다른 지역보다 떨어질 줄 알았다. 하지만 두 점포를 합쳐 400만 원 정도의 일 매출이라니, 역시 연신내라는 소리가 연신 나온다.

★ 할리스커피 연신내점 vs 스타벅스 연신내역점

마지막으로 할리스커피 연신내점(C)과 스타벅스 연신내역점에 대해 알아보자 (주의! 스타벅스 연신내점이 아니다). 내가 스타벅스 DT점 임대인인 터라(지분 소유, 저자가 부자가 아님에 주의) 공정한 평가는 아니지만 그래도 분명 스타벅스와 할리스커피를 비교하자면 훨씬 더 인기 있는 브랜드는 스타벅스다. 그런데 동일 상권, 비슷한 입지의 두 점포가 있는데 스타벅스보다 할리스커피가 더 매출이 좋다면 믿겠는가?

일 매출을 비교하자면 할리스커피 연신내점은 600만~700만 원 정도를 예상한다. 그 옆에 있는 스타벅스 연신내역점은 그보다는 훨씬 낮은 매출을 보일 것으로 예상한다. 그 절반 정도나 될까? 내가 들은 바로는 DT점이 아닌 일반 매장에선 스타벅스 매장이 월 1억 원 정도의 매출을 낸다고 하니 아마도 이 점포도 크게 벗어나진 않을 것이다.

그 이유는 무엇일까? 할리스커피 연신내점은 횡단보도를 낀 코너 입지로 이면 자리에 있는 스타벅스 연신내역점보다 입지에서 우위에 있다. 하지만 더 나은 입지라 해도 이와 같은 큰 차이에 대한 설명으론 부족하다. 입지보다 더 큰 차이를 가져온 것은 다름 아닌 독채 건물이 주는 소구력이다. 할리스커피 연신내점은 독채 건물로 넓은 면적과 우아한 자태를 뽐내고 있지만 스타벅스 연신내역점은 일반 건물 내 1, 2층을 일부 사용하는 것으로 인테리어에서 한 수 밀린다.

사실 스타벅스도 DT점을 낼 때 항상 독채로 지어줄 것을 임대인에게 요구 한다. 위에서 언급한 바로 그런 이유 때문이다.

테이크아웃을 해야 하는데
커피전문점이 2층에?

⭐ **롯데리아 연신내역점**

앞에서 배스킨라빈스 연신내역점의 일 매출이 420만~460만 원이라고 했다.
그렇다면 그 옆의 롯데리아 연신내역점(그림 7-14, C)은 어느 정도 매출이면 적
당할까? 매익률은 비슷할 테고 인건비와 점포의 규모, 인테리어 · 시설 · 집기
비용 등은 롯데리아가 배스킨라빈스보다 훨씬 더 높을 것이다. 이런 점을 감안
하면, 동일 상권일 때 롯데리아의 매출이 배스킨라빈스보다 1.5배 정도 높아야
할 텐데 과연 그럴지 들여다보자.

　롯데리아 연신내역점의 일 매출은 350만 원 전후로 예상한다. 5~6년 전만
해도 450만 원 정도의 일 매출을 보였던 곳인데 매출이 많이 줄었다. 여러 가
지 요인이 있겠지만 무엇보다 햄버거와 같은 패스트푸드에 대한 기호가 많이
감소한 탓이 크지 않겠나. 어쨌든 연신내는 연신내다. 불광역 롯데리아에 비해

2배 정도 높은 매출이니 말이다.

⭐ 맘스터치 갈현점

〈그림 7-14〉를 보자. 그렇다면 이면 안쪽 골목의 코너에 있는 맘스터치 갈현점 (E)의 매출은 어떨까? 맘스터치와 롯데리아의 매출 비교는 앞서 노원역 상권을 다룬 장에서 한 번 언급했다. 이번에도 맘스터치가 훨씬 더 열세한 입지에 있다. 물론 면적도 더 좁다. 그러기에 단순히 매출만 비교하는 건 올바른 분석일 수가 없다. 면적당 매출, 예상 임대료 등을 종합해서 평가해야만 어느 점포가 더 출점을 잘했는지 알 수 있다.

맘스터치 갈현점의 하루 매출은 200만~220만 원으로 본다. 몸매관리에 늘 신경을 쓰는 나는 롯데리아나 맘스터치나 잘 방문하지 않는 브랜드다. 그렇지만 맘스터치는 자신에게 아주 잘 맞는 '현실적인 1입지'를 잘 찾아낸다는 평가를 하고 싶다. 맥도날드, KFC, 버거킹, 게다가 롯데리아까지 대형점 일색인 패스트푸드 시장에서 작은 규모로 치고 들어가 싸워 살아남기란 쉽지가 않다. 그러기에 대형점이 입점하기엔 유효수요가 적은 입지에 20평 내외로 출점하여 '작은 시장'을 독점, 성공률을 높이는 것이다.

⭐ 빽다방 연신내역점 vs 이디야커피 연신내역점

이번에는 먹자골목 안쪽에 있는 빽다방 연신내역점(D)과 연신내역 앞 대로변 건물 2층에 입점한 이디야커피 연신내역점(A)을 보자. 빽다방은 불광역에도 있

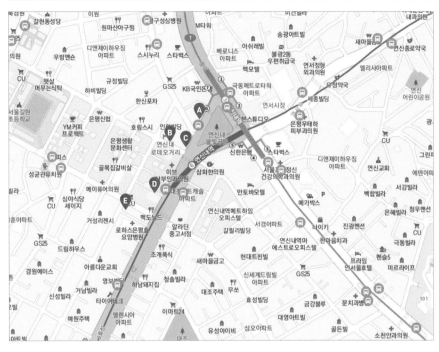

이디야커피 연신내역점
일 매출 110만~130만 원

빽다방 연신내역점
일 매출 90만~100만 원

롯데리아 연신내역점
일 매출 350만 원

역전우동 연신내역점
일 매출 200만~230만 원

맘스터치 갈현점
일 매출 200만~220만 원

었지만 매출이 좋지 않아 다루지 않았다. 그런데 빽다방 연신내역점은 매출이 제법 나온다. 하루 90만~100만 원 정도다. 물론 테이크아웃 커피전문점의 특성상 하절기와 동절기의 매출 차이가 무척 크겠지만, 이 정도면 가맹점주도 어느 정도 수익을 가져갈 수 있다.

그렇다면 대로변에서 2층 매장으로 운영 중인 이디야커피 연신내역점의 매출은 어느 정도일까? 이디야커피는 어지간해선 2층 매장을 내지 않는다. 다행스러운 건, 1층 입구에 간판을 큼지막하게 잘해놓았다. 그렇다 해도 역시 매출이 연신내스러울까?

이디야커피 연신내점의 일 매출은 110만~130만 원 정도로 본다. 나름 역 앞이고 연신내역 사거리와도 가까운데 기대보다 매출이 낮다고 생각할 수도 있을 것이다. 하지만 저가 커피전문점인데 테이크아웃 손님을 받기 힘든 2층 아닌가. 게다가 이면 안쪽에 있는 빽다방이 90만~100만 원을 파는데 말이다.

⭐ 역전우동 연신내역점

마지막으로 역전우동 연신내역점(D)을 보자. 백종원이 대표로 있는 더본코리아의 프랜차이즈 브랜드는 그 수가 어마어마하게 많다. 빽다방과 역전우동 역시 더본코리아 프랜차이즈다. 역전우동 연신내역점의 일매출은 200만~230만 원이다. 면적이나 투자금이나 빽다방과 비슷한데 매출은 큰 차이를 보인다. 물론 매출과 수익은 다르지만 손익분석 툴에 넣어 계산해보면 역시 차이가 제법 날 것으로 본다.

대로변도 골목도 똑같이 대박
연신내역 북부

연신내역을 분석하면서 편의점보다 출점 개수가 적은 브랜드 위주로 설명했다. 그 이유는 불광역과 연신내역 전체 상권의 볼륨을 비교하기 위해서였다. 그렇다면 지금부터 다룰 편의점들은 어떤 의미가 있을까? 골목 상권이 얼마나 활성화돼 있는지 가늠하는 척도가 될 것이다.

⊛ 세븐일레븐 연신내행복점 vs CU 연신내에이스점

먼저 세븐일레븐 연신내행복점(E)과 CU 연신내에이스점(F)이다(그림 7-15). 한 곳은 일 매출 250만 원, 다른 한 곳은 140만 원 정도다. 〈그림 7-16〉을 보자. 사진으로 봐도 그 차이가 쉽게 드러나지 않는다. 같은 입지에서 이토록 매출 차이가 크게 나는 이유는 무엇일까?

바로 담배 때문이다. 입지 유형에 따라 차이가 있지만 대개 유흥 상권에선

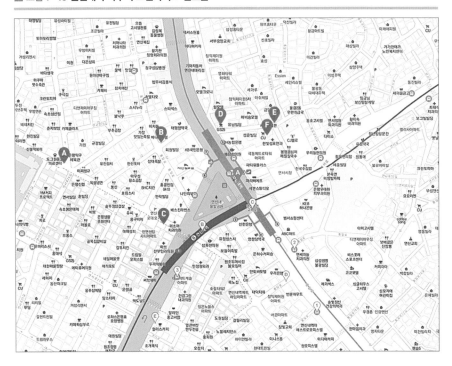

세븐일레븐 연신내3호점
일 매출 260만~290만 원

GS25 연신내본점
일 매출 250만~280만 원

아리따움 연신내레오점
일 매출 120만~150만 원

GS25 연신내점
일 매출 300만 원

세븐일레븐 연신내행복점
일 매출 240만~270만 원

CU 연신내에이스점
일 매출 130만~150만 원

──── 1일 매출로 보는

담배가 편의점 매출의 약 40%를 차지한다. 주거지 상권에서는 25%까지 떨어지기도 하니 이런 입지라면 담배 판매 비중이 30~35% 정도 되지 않을까 생각한다. 문제는 단순히 매출에서 담배의 비중이 아니다. 담배를 사러 왔다가 이것저것 함께 구매하는 이들은 담배를 팔지 않는 편의점은 아예 방문을 하지 않기 때문이다.

바로 이 점이 세븐일레븐 연신내행복점과 CU 연신내에이스점의 매출 차이를 만든 것이다. 담배를 판매하는 세븐일레븐 연신내행복점은 일 매출 240만~270만 원, 담배 판매 허가권이 없는 CU 연신내에이스점은 일 매출 130만~150만 원을 예상한다.

⭐ GS25 연신내점

세븐일레븐 연신내행복점과 CU 연신내에이스점이 위치한 골목을 빠져나가면 대로변에 GS25 연신내점(D)이 있다. 안쪽 골목에 경쟁점이 있어도 대로변의 이점은 분명히 있고, 동쪽의 유효수요가 아닌 북쪽의 유효수요에 대해서는 독점적인 입지이기도 하다. GS25 연신내점은 하루 300만 원 정도 팔고 있다.

안쪽 골목의 세븐일레븐 연신내행복점도 대로변의 GS25 연신내점도 매출이 좋다는 건, 이 블록 또는 이 동선의 구매력이 그만큼 크다는 뜻이다. 분명 골목길 상권인데도 말이다.

⭐ GS25 연신내본점 vs 세븐일레븐 연신내3호점

자, 이제 서쪽으로 길을 건너 GS25 연신내본점(B)과 세븐일레븐 연신내3호점(A)에 가보자. 먹자 상권, 유흥 상권 코너에 있으니 상권은 좋아 보인다. 그러나 지도에 표시하지 않았지만 경쟁점이 많아 상권의 범위가 좁고 이로 인해 매출이 저조할 수도 있다.

GS25 연신내본점 일 매출은 250만~280만 원, 세븐일레븐 연신내3호점은 260만~290만 원으로 본다.

⭐ 아리따움 연신내레오점

연신내 로데오거리 초입의 아리따움 연신내레오점(C)도 살펴보자. 이 주변에는 참으로 다양한 브랜드의 화장품점이 있는데 대표로 아리따움에 대해서만 알려드린다. 일 매출 120만~150만 원 정도로 예상한다. 면적과 위치에 따라 약간씩 다르겠지만 다른 화장품점도 크게 다르지 않을 것이다.

유흥가보다 원룸가
연신내역 남부

앞서 낙성대역과 서울대입구역에 대해 알아볼 때부터 대로변 점포와 이면 안쪽 점포에 대해 여러 사례를 들어 설명했다. 그러니 이번에는 안쪽 골목의 편의점 매출을 확인하고 그 골목의 상권이 얼마나 강한지를 알아보자.

⊛ GS25 연신내으뜸점 vs GS25 연신내본점

〈그림 7-17〉을 보자. GS25 연신내으뜸점(C)은 일 매출을 280만~300만 원 정도로 예상하는데, 이는 거의 모든 먹자 상권에서 공통적이다. 대로변의 대형 매장은 비싼 월세를 감당할 수 없다. 따라서 그 첫 번째 뒷골목이 현실적인 1입지다.

먹자 상권 혹은 유흥 상권이 더 발달한 곳은 GS25 연신내본점(A) 쪽의 동선이다. 그런데 매출은 GS25 연신내본점보다 GS25 연신내으뜸점이 더 높다. 왜

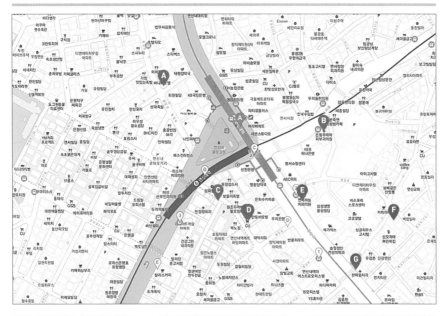

GS25 연신내본점
일 매출 230만 원

미니스톱 연신내역점
일 매출 250만~280만 원

GS25 연신내으뜸점
일 매출 280만~300만 원

CU 연신내중앙점
일 매출 150만~170만 원

아리따움라이브 연신내레오점
일 매출 70만~80만 원

세븐일레븐 불광중앙점
일 매출 160만~180만 원

세븐일레븐 연신내점
일 매출 130만~150만 원

——— 1일 매출로 보는

그럴까? 연신내으뜸점은 안쪽 골목에 높다란 원룸 건물이 여럿 들어서 있다. 앞에서 살펴본 CU 불광대조점 역시 유흥 상권 쪽의 편의점보다 매출이 높지 않았나.

⊛ CU 연신내중앙점

GS25 연신내으뜸점에서 한 골목 더 들어가면 CU 연신내중앙점(D)이 있다. 매출은 하루 150만~170만 원으로 예상한다. 지도상엔 표시하지 않았지만 한 블록마다 경쟁점이 있는 데다 대로변에서 들어오는 동선이 활성화돼 있지 않기 때문이다.

⊛ 미니스톱 연신내역점

지도에서 미니스톱 연신내역점(B)을 찾아보자. 지하철을 나와 첫 번째 코너에 있다. 게다가 앞에 버스정류소가 있다면 편의점으로서는 그 지역 내 1입지다. 연신내역 사거리에서 미니스톱 연신내역점이 있는 동쪽 상권이 가장 낙후돼 있지만, 이런 입지라면 대부분 매출이 좋다. 따라서 일 매출 250만~280만 원을 예상한다.

⊛ 세븐일레븐 연신내점 vs 세븐일레븐 불광중앙점

연신내역 사거리에서 남쪽으로 첫 번째 코너도 지나고 버스정류소도 지나 두 번째 코너에 있는 세븐일레븐 연신내점(G)은 일 매출 130만~150만 원, 그보다 안쪽의 세븐일레븐 불광중앙점(F)은 160만~180만 원 정도를 예상한다. 같은 브랜드이니 좀 더 시간이 지나면 둘 중 하나는 폐점하지 않을까 조심스레 예상해본다.

★ 아리따움라이브 연신내레오점

마지막으로 지하철역 앞 첫 번째 코너에 버스정류소를 끼고 있는 아리따움라이브 연신내레오점(E)을 보자. 역 앞이라곤 해도 연신내역 사거리 중에서 상권이 가장 약한 곳이다. 가장 약한 상권의 1입지라고 할 만하다. 그러기에 매출은 하루 70만~80만 원 정도를 예상한다.

구로디지털단지역

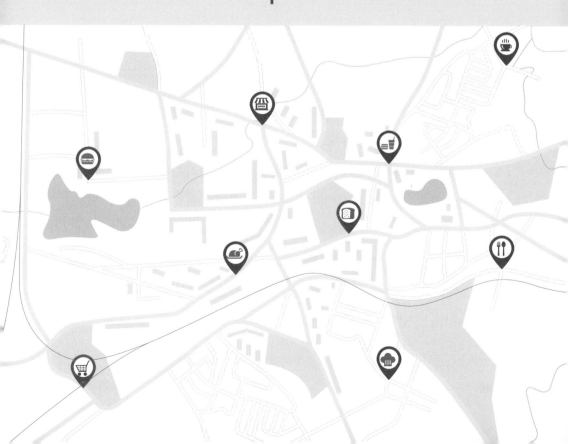

지식산업센터 내
편의점은 얼마나 잘될까?

나름 상가 전문가라고 활동을 하다 보니 상가 분양사무실에서 꽤 많은 연락이 온다. 대개는 자기네가 분양하는 상가를 회원들에게 소개해달라는 것인데, 주인을 찾지 못해 내게까지 손을 뻗치는 물건이 좋을 리 없다.

문제는 분양하는 이들조차 자기 상가가 어느 정도의 가치를 갖고 있는지 알지 못한다는 데 있다. 지식산업센터 또는 아파트형 공장 내 1층 편의점은 무조건 성공을 보장하는 투자처가 될까?

〈그림 8-1〉은 실제로 내가 인터넷 쪽지를 받은 내용이다. 지식산업센터 내 상가로, 세입자는 편의점 본부이며 월세가 430만 원에 맞춰져 있다는 것이다. 누군 계산기가 없어서 이런 상가의 수익률이 몇 퍼센트인지 몰라 투자를 안 할까. 관건은 상권 성숙기에도 이 월세를 유지할 만큼 매출이 나오느냐다.

이 상가를 분석해보니 건물 연면적이 약 1만 3,000평이고 외부 수요는 별로 없어 보이는 입지였다. 편의점이 입점한다 해도 그리 좋은 매출을 내지 못할

—— 1일 매출로 보는

안녕하세요? 좋은 물건이 있어서 공유하고자 쪽지 보냅니다.
김포 장기지구 마스터비즈파크 지식산업센터 편의점 지정 자리입니다.
CU 편의점 본사 측과 임대차 계약이 완료된 아주 좋은 투자 상품입니다.

보증금 8,000만 원 / 월 임대료 430만 원
매도 가격 : 11억 6,880만 원(VAT 별도)

매달 CU 편의점 본사 측으로부터 월세 받는 특A급 투자 상품입니다.
수수료 OOO만 계약 즉시 지급합니다.

지식산업센터 분양대행 전문 철인그룹 OOO입니다.
010-OOO-OOOO
문의 전화는 언제든 환영합니다.

테고, 재계약할 때는 임대료 인하를 요청받을 게 빤해도 너무 빤했다.

지금이야 지식산업센터가 더 익숙한 이름이지만 처음 세상에 나올 때만 해도 '아파트형 공장'이었다. 2007년 처음 아파트형 공장을 봤을 때 정체가 정말 궁금했다. 아파트도 아니고 공장도 아니다. 그렇다고 역삼동에 즐비한 업무시설과도 다르다. 이도 저도 아니게 어중간하다고 할까. 그러나 다른 상업시설보다 넉넉한 주차장, 높은 층고, 물류 하역의 용이성 등 장점이 있다. 굴뚝형 제조 공장이 아니라면 선호할 만한 요소를 두루 갖췄다.

이런 지식산업센터에는 연면적 10평당 1명 정도의 근무인이 있다. GS리테일 재직 당시 온갖 지식산업센터(당시 이름은 아파트형 공장)를 뒤지면서 얻었던 결론이다. 일단 몇 명이 근무하는지 알아야 상가의 가치를 평가하는 일이 용이해진다.

🔽 그림 8-2 지식산업센터에 입점해 있는 편의점들

세븐일레븐 구로드림타워점
일 매출 160만 원

미니스톱 구로이앤씨점
일 매출 220만~240만 원

GS25 구로삼성점
일 매출 280만~300만 원

CU 구로벤처점
일 매출 180만~200만 원

CU 대륭7차점
일 매출 200만 원

CU 구로우림1차점
일 매출 200만 원

GS25 구로디지탈점
일 매출 260만~290만 원

—— 1일 매출로 보는

3만 평이면 3,000명 정도가 근무하는 것이고, 이들이 해당 건물에서 점심식사를 한다면 이 상권의 볼륨은 2,100만 원(3,000명 × 7,000원)이 된다. 그렇다면 편의점의 경우는 어떻고, 커피전문점일 때는 또 어떨까? 이에 대한 답을 드리려 구로디지털단지 내 지식산업센터의 프랜차이즈들을 조사했다.

★ 세븐일레븐 구로드림타워점

〈그림 8-2〉를 보자. 지식산업센터마다 편의점이 들어 있다. 먼저 세븐일레븐 구로드림타워점(A)을 보면, 건물이 보행자 동선에서 뒤로 쑥 들어가 지어진 데다 주변 지식산업센터에도 모두 편의점이 있다. 해당 건물의 자체수요가 아니라면 이렇다 할 유효수요가 없다.

세븐일레븐 구로드림타워점이 입점한 지식산업센터는 연면적이 1만 4,344평이라는데(그림 8-3) 그렇다면 매출은 얼마나 나올까? 나는 하루 160만 원 전

⬇ **그림 8-3** 세븐일레븐 구로드림타워점이 입점한 이앤씨벤처드림타워2차 건축물대장

집합건축물대장(표제부, 갑)									(수록 용 제1쪽)
고유번호	1150010200-3-01970010	민원24접수번호	20200025 - 73403844	명칭	이앤씨벤처드림타워2차	호수/가구수/세대수	0호/0가구/0세대		
대지위치	서울특별시 구로구 구로동		지번	1공-30외 1필지	도로명주소	서울특별시 구로구 디지털로18길 9(구로동)			
※대지면적 7,081㎡		연면적 47,419.18㎡		※지역	준공업지역	※지구	공항고도지구진입표면	※구역	
건축면적 3,144.02㎡		용적률 산정용 연면적 33,065.50㎡		주구조 철근콘크리트구조		주용도 공장(아파트형공장 1외)		층수 지하 2층/지상 13층	
※건폐율 44.4%		※용적률 467.71%		높이 50.7m		지붕 철근콘크리트평슬라브		부속건축물 동 ㎡	
※조경면적 ㎡		※공개 공지/공간 면적 ㎡		※건축선 후퇴면적 ㎡		※건축선 후퇴거리			
건축물현황					건축물현황				
구분	층별	구조	용도	면적(㎡)	구분	층별	구조	용도	면적(㎡)
주	지2층	철근콘크리트구조	기계전기실 주차장(주차 207대 외)	6,067.1	주	5층	철근콘크리트구조	공장	2,685.98
주	지1층	철근콘크리트구조	근린생활시설 공장 주차장(주차 43대 외)	6,302.13	주	6층	철근콘크리트구조	공장	2,685.98
주	1층	철근콘크리트구조	공장 근린생활시설 주차장(주차 1,091.37㎡)	2,872.0	주	7층	철근콘크리트구조	공장 제2종 근린생활시설	2,685.98
주	2층	철근콘크리트구조	공장 근린생활시설	2,685.98	주	8층	철근콘크리트구조	공장 제2종 근린생활시설	2,685.98
주	3층	철근콘크리트구조	공장 근린생활시설	2,685.98	주	9층	철근콘크리트구조	공장 근린생활시설	2,685.98
주	4층	철근콘크리트구조	공장 제2종근린생활시설	2,685.98	주	10층	철근콘크리트구조	공장 근린생활시설	2,685.98

후로 보고 있다. 과거 편의점 점포개발 업무를 할 땐 지식산업센터 내 1인당 일 매출을 1,000원으로 잡았다. 그때보다 조금 오른 수치다.

⊛ CU 대륭7차점

건축물대장에 의하면 CU 대륭7차점(E)이 입점해 있는 대륭포스트타워7차는 연면적이 약 1만 5,000평이다. 1,500명 정도가 근무하니 일 매출은 150만 원 정도일까? 아니다. 바로 옆 벽산디지털밸리에 이렇다 할 경쟁점이 없으니 이 건물에서 유입되는 매출도 추가해야 옳다.

이 건물은 연면적이 약 7,667평으로(25,437,820㎡ × 0.3025) 700명이 좀 넘는 인원이 근무하고 있을 것이다. 그렇다면 이들에 의한 매출 유입은 어느 정도 될까? CU 대륭7차점이 든 건물 자체의 수요와 동일한 기여를 할까? 나는 그렇지 않다고 본다. 아무래도 옆 건물이니 자체 건물의 0.5~0.8배 정도로 잡아야 한다. 물론 0.5배인지 0.8배인지는 상황에 따라 달라진다.

즉 '자체 건물 1,500명 + 옆 건물 760명 × 0.7배' 정도의 유효수요가 있지 않겠나. 그래서 매출을 하루 200만 원 정도로 본다.

⊛ GS25 구로디지탈점 vs GS25 구로삼성점

방금 본 두 점포의 매출만으로도 지식산업센터 내 편의점의 입지분석이 가능하지만, 좀 더 자세한 분석을 위해 GS25 구로디지탈점(G)과 GS25 구로삼성점(C)의 매출도 알아보자.

GS25 구로디지탈점은 연면적 1만 6,000평짜리 우림이비지센터2차에 입점해 있다. 그렇다면 하루 170만 원의 매출이 나와야 할까? GS25 구로삼성점이 입점한 삼성IT밸리는 연면적이 1만 4,000평이니 일 매출은 150만 원 정도일까?

둘 다 아니다. 이 두 점포 사이에 있는 에이스테크노타워8차에는 편의점이 없다. 1만 4,000평이 넘는 건물인데 말이다. 나는 여기서 GS25 구로삼성점이 더 유리한 입지에 있다고 판단했다.

로드 뷰로 보면 GS25 구로디지탈점이 더 우세한 입지 같다. 출퇴근 동선으로 분석하자면 더 우세한 입지가 틀림없다. 하지만 이 건물 근무자가 근무시간에 잠깐 편의점을 간다면, 길 건너 GS25 구로디지탈점보다는 옆 건물인 GS25 구로삼성점이 훨씬 편하다. 또 생각해보면 출퇴근시간보다는 근무 중에 커피 한 잔, 담배 한 대의 이유로 편의점을 찾는 비중이 더 높을 것이다. 따라서 GS25 구로디지탈점은 일 매출 260만~290만 원, GS25 구로삼성점은 일 매출 280만~ 300만 원 정도로 추정한다.

⊛ CU 구로우림1차점 vs 미니스톱 구로이앤씨점 vs CU 구로벤쳐점

GS25 구로디지탈점 옆의 CU 구로우림1차점(F)은 연면적 1만 8,000평의 건물에 입점해 있으니 200만 원 전후의 일 매출을 보일 것으로 예상한다. 이 밖에 미니스톱 구로이앤씨점(B)은 연면적 9,000평대의 작은 건물에 있지만 에이스테크노타워1차 근무인들의 방문으로 일 매출 220만~240만 원 정도를 예상한다. CU 구로벤쳐점(D) 역시 같은 이유로 일 매출 180만~200만 원 정도를 예상한다.

유흥 상권의 베이커리가
성공할 수 있을까?

주거지역이 아니라 업무시설 근처와 유흥 상권에 오픈한 베이커리를 보면 늘 매출이 궁금했다. 주거지역은 독점할 수 있는 세대 수만 잘 세어봐도 매출을 가늠할 수 있지만, 그 외의 곳은 입지에 따라 또 상권의 활성도에 따라 매출에 큰 차이가 있어 추정이 어렵기 때문이다.

이를테면 신림역 사거리의 파리바게뜨는 유흥 상권 초입에 있는데도 일 매출이 500만 원에 육박한다. 바로 파리바게뜨 신림사거리점과 신림역점이다. 성남의 파리바게뜨 모란역점도 유흥 상권에 위치하지만 매출이 상당히 높다.

★ 뚜레쥬르 구로IT점 vs 파리바게뜨 구로디지털점

〈그림 8-4〉를 보면 뚜레쥬르 구로IT점(B)과 파리바게뜨 구로디지털점(C)이 가장 눈에 띈다. 입지는 사거리의 파리바게뜨 구로디지털점이 우세하다. 반면 뚜

롯데리아 구로IT점
일 매출 200만~230만 원

뚜레쥬르 구로IT점
일 매출 100만 원

파리바게뜨 구로디지털점
일 매출 250만~280만 원

롯데리아 구로디지털역점
일 매출 170만~190만 원

파리바게뜨 구로제일점
일 매출 400만 원

아리따움 구로디지털단지역점
일 매출 200만 원

레쥬르 구로IT점은 안쪽에서 끊어먹는 입지에 있다. 이 경우 안쪽의 유효수요가 해당 업종에 필요한 크기여야 한다. 가령 주거지역의 베이커리는 2,000세대가 필요하다. 그런데 지식산업단지 연면적 기준으로는 얼마나 돼야 하는지 감이 잘 잡히지 않는다. 그러나 뚜레쥬르 구로IT점 주변의 지식산업센터 구매력은 2,000세대보다는 훨씬 적어 보인다.

그래서 뚜레쥬르 구로IT점은 일 매출을 100만 원을 전후로 예상한다. 베이커리로서는 다소 낮은 편이다(매출이 낮은 점포에 대해 언급하기가 몹시 부담스럽다. 나는 정보를 전달하는 것뿐이지만 가맹점주 입장에선 얼마나 불쾌하겠는가).

반면 큰 사거리 건물 내에 있는 파리바게뜨 구로디지털점은 일 매출 250만~280만 원으로 예상한다. 안쪽의 매출은 뚜레쥬르에 빼앗기지만 대로변의 강점과 인근 지식산업센터 근무자들에 의한 매출이 월등히 앞서 있다. 입지뿐만 아니라 브랜드 파워의 차이도 있지 않을까 조심스레 추측해본다.

★ 파리바게뜨 구로제일점 & 아리따움 구로디지털단지역점

이번에는 대로변 유흥 상권에 있는 파리바게뜨를 보자. 구로디지털단지역은 안쪽에는 지식산업센터가 밀집해 있고, 역 앞은 많은 이들이 이용하는 먹자 상권이 형성돼 있다. 그리고 굉장히 활성화돼 있다.

이런 상권의 대로변에 위치한 파리바게뜨 구로제일점(E)은 1층과 2층 복합 매장으로 운영되는데, 일 매출이 400만 원에 육박할 것으로 본다. 어쩌면 400만 원이 조금 넘을지도 모르겠다. 일 매출 400만 원이면 파리바게뜨 상위 40~50위 수준이니 매우 높은 편이다.

파리바게뜨 구로제일점 바로 옆 아리따움 구로디지털단지역점(F)의 일 매출
도 200만 원 안팎이니 이 상권이 얼마나 활성화돼 있는지 알 수 있다.

⭐ 롯데리아 구로IT점 vs 롯데리아 구로디지털역점

그렇다면 지식산업센터 내의 패스트푸드점은 하루에 얼마나 팔까? 인근의 파
리바게뜨 구로디지털점보다 많이 팔까? 매우 궁금했다. 우선 롯데리아 구로IT
점(A)을 보자. 지도에 표시돼 있지 않으나 바로 옆에 맥도날드 구로디지털점이
있다. 이곳보다 입지가 열세하기 때문에 일 매출 200만~230만 원을 예상한다.
롯데리아 평균 수준이다.

이 상권엔 롯데리아가 하나 더 있다. 바로 롯데리아 구로디지털역점(D)이다.
얼핏 보기엔 지하철역 앞이라 매출이 굉장히 좋아야 하는데, 역 앞이라곤 해도
주된 유효수요인 지식산업센터가 모조리 길 건너에 있다. 롯데리아 구로디지
털역점의 직접 유효수요는 구도심 주거지역이다. 지도를 보면 학교가 없으니
학원가도 형성되지 않았을 것이다.

역 앞 대로변이라 번듯해 보이지만 내실 있는 상권이 아니라는 의심이 든다.
그래서 롯데리아 구로디지털역점은 지식산업센터 내의 롯데리아 구로IT점보
다 현저히 낮은 170만~190만 원으로 일 매출을 예상한다.

홍대입구역

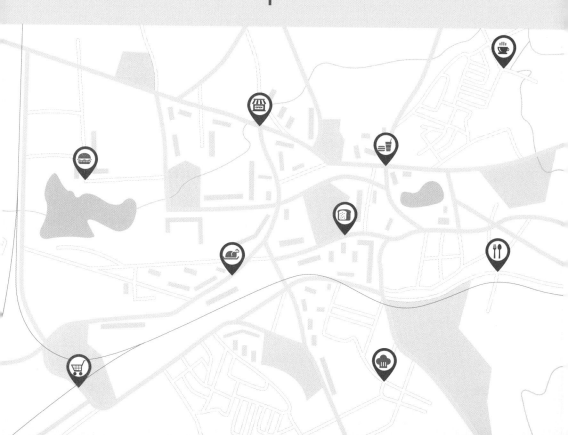

임대료는 어떤 과정을 거쳐
상승하는가?

홍대입구역 주변은 공항철도가 개통한 후 상권이 급격히 커지면서 근처 신촌이나 이대 상권을 흡수한 곳으로도 유명하다. 내가 마포구, 서대문구, 은평구의 점포를 개발할 때도 이곳은 좋은 상권으로 꼽혔는데, 특히 공덕역과 홍대·합정 라인은 상권이 떠도 너무 많이 떠버렸다. 그토록 경쟁점이 늘어났는데도 매출이 증가한 편의점이 더 많다.

식음 프랜차이즈점이 가득했던 건물은 세입자가 모두 바뀌어 대형 판매점이 입점해 있고, 한눈에 봐도 건물 임대료가 상당히 올랐음을 추측할 수 있다.

'도대체 설렁탕을 얼마나 팔기에'라는 의구심을 자아냈던 신선설농탕 자리, 스파오 건물부터 이야기해보자. 상가건물이 어떤 식으로 임대료가 인상되고 가치가 올라가는지 알려주는 좋은 예다.

그리고 이 메커니즘을 충분히 이해한다면 왜 경리단길의 상가 임대료가 더 오르지 못하고 공실이 늘어나는지 깨닫게 될 것이다. 나아가 응용한다면 소위

'~길'에 대한 투자를 어떻게 해야 할지도 알게 될 것이다.

여러분은 젠트리피케이션에 대해 어떻게 알고 있는가. 과연 세입자가 살려 놓은 상권을 건물주가 폭력적으로 임대료를 인상해 벌어진 현상일까? 개성 있는 소규모 점포들을 내몰고 대형 프랜차이즈가 그 자리를 메워서 일어난 일일까? 이에 대해 차차 알아보자.

⭐ 신선설농탕 홍대점

대학 역세권 상권이라면 어떤 업종이 떠오르는가? 작은 규모라면 술집, 밥집, 고깃집일 테고 그 술집, 밥집은 당연히 대학생들이 선호할 업종일 것이다. 그런데 홍대입구역에 뜬금없이 설렁탕집이 들어왔다. 도대체 설렁탕을 얼마나 팔아야 저 자리의 임대료를 내고도 영업이익이 날지 궁금하지 않을 수 없었다.

〈그림 9-1〉을 보자. 아래의 사진이 신선설농탕이다. 당시 일 매출을 400만 원 중반~500만 원 초반으로 봤다. 월 매출이 1억 5,000만 원 내외라면 그 20%인 월 3,000만 원까지는 월세를 감당할 수 있을 것이다.

이제 그 자리에는 의류점 스파오가 입점해 1, 2층에서 영업 중이다. 과연 이 건물주는 임대료를 어떻게 인상했을까? 그토록 장사가 잘되던 신선설농탕을 내보낼 배짱은 어디서 나왔을까? 이런 곳은 보통 새로운 세입자가 임대료를 인상시키고 기존 세입자는 새로운 세입자에 의해 내쫓기게 된다. 스파오의 사례는 아니다. 그러나 상가건물의 임대료가 인상되는 방식은 대부분 그러하다. 이를 이해하면 경리단길이 속절없이 무너지는데 가로수길은 왜 건재한지 알 수 있다.

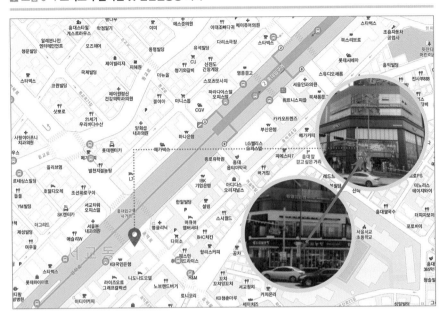

음식점이 영업을 잘하고 있는 곳에 상권이 커지면, 판매점은 그곳에 입점할 계획을 세운다. CJ의 올리브영, 롯데의 롭스 같은 드럭스토어는 물론 스파오 같은 의류점도 마찬가지다. 이들 브랜드의 점포개발본부는 해당 입지에 입점 가능한지 검토한 후 예상 매출을 뽑고 이에 근거해 지급 가능한 월세 수준을 책정한다.

그런 뒤 기존 세입자의 임대차 계약이 만기될 즈음 건물주에게 금액을 제시하며 임대를 제안한다. 건물주는 제안받은 월세를 기존 세입자에게 요구하고, 받아들여지지 않으면 새로운 세입자와 임대차 계약을 추진한다. 그리고 이런 일은 전문 중개인이 개입돼 있다.

임대료는 이 같은 과정을 통해 인상된다. 우격다짐으로 이뤄지는 일이 아니다. 보통은 대형 판매점이 부담할 수 있는 임대료 수준이 테이블 장사인 음식점보다 높다. 다만 음식점은 상권의 볼륨이 작아도 입점이 가능하지만, 대형 판매점은 큰 상권에 비싼 임대료를 내고 1입지에 입점하는 것이 더 높은 수익을 올릴 수 있다. 아무튼, 홍대입구역에 있던 신선설농탕은 하루 400만 원 중반에서 500만 원 초반의 매출을 올리다 폐점했다. 지금은 길 건너 예전 피자헛 자리로 옮겨 영업 중이다.

⊛ GS25 홍대아트점

신선설농탕이 있던 자리 바로 뒤 블록에는 GS25 홍대아트점이 있다(그림 9-2). 이 또한 원래 자리를 의류점 Forever21에 내어주고 이전한 경우다. 업계에선 이를 '대체점'이라고 부른다. 폐점했으나 영업이 워낙 잘됐기 때문에 근처로 이전한 점포를 말한다.

GS25 홍대아트점 일 매출은 400만 원 초반대로 예상한다. 홍대 상권의 풍부한 유효수요와 인근의 클럽 매출 등이 빚어낸 고매출이다. 최근 Forever21이 경영난을 겪고 있다는 뉴스를 봤다. 만약 폐점한다면 어떤 업종이 얼마의 임대료에 입점하게 될지 궁금하다.

내쫓기는 세입자를 보면 누구든 불편한 마음이 든다. 그러나 대부분은 법이 보장하는 임대차 기간을 다 채운 경우고, 이사비도 추가로 받아가는 것이 보통이다. 기존 세입자가 나가지 않으려는 이유는, 상권이 좋아진 만큼 매출이 늘었으나 인상된 임대료는 부담하지 않으려 하기 때문이다. 계약 기간에 영업이 잘됐던 것이다.

■ 그림 9-2 Forever21에 자리를 내주고 이전한 GS25 홍대아트점

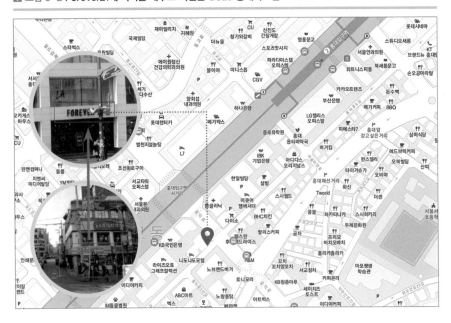

그러나 어쩌겠나. 프로야구가 생기면서 고교야구의 인기가 사라지고 교통카드가 생기면서 버스 안내양이 없어진 것처럼, 언제나 새로운 것이 옛 자리를 치고 들어오게 마련이다. 상권과 더 잘 맞는 업종, 그래서 더 많은 이용객이 생기고, 더 높은 매출을 올리고, 더 많은 세금을 내고, 더 높은 월세를 지불하는 업종이 오는 것을 어쩌겠나. 마음 아픈 구석은 있지만 발전의 한 단면으로 이해해야 하지 않을까 싶다.

내 부모님도 생애 처음이자 마지막으로 창업을 하신 적이 있다. 영업이 점점 잘됐는데 딱 2년 만에 자리를 내주고 나와야 하는 일을 겪었다. 부모님은 명도 거부나 이사비 요구는커녕 2년간 장사하게 해주어 감사하다는 인사를 남기고 만기일 아침에 짐을 싸서 나왔다.

평균보다 4배 높은 매출, 투썸플레이스

홍대입구역만큼 상가투자를 하려는 이들의 관심을 끄는 지역도 없을 것이다. 입지가 좋은 곳은 유명 프랜차이즈들로, 입지가 나쁜 곳은 또 업무시설로 어지 간하면 임대가 된다. 이런 지역의 1입지라면 매출은 또 얼마나 높게 나오겠나.

⭐ 미니스톱 홍대입구역점

〈그림 9-3〉을 보면 홍대입구역 1번 출구에서 첫 번째 뒷골목에 코너 건물이 있다. 그리고 이 건물의 비코너 입지에 미니스톱 홍대입구역점(E)이 있다. 이 점포의 매출로 알 수 있는 사실은 무엇일까? 바로 대로변의 대형 업무시설과 오피스텔 거주자가 이곳을 이용하는지 여부다.

　내가 조사한 바로는 미니스톱 홍대입구역점은 일 매출 300만 원 전후다. 이 곳 뒷골목 자체 상권의 힘으로는 절대 일어날 수 없는 매출이다. 대로변 대형 상가건물 거주자들이 이곳을 이용하러 온다는 소리다.

이와 유사한 입지는 천호역 현대백화점과 현대홈쇼핑 뒤편의 GS25와 미니스톱이다.

★ 던킨도너츠 홍대역점

이처럼 대로변에 업무시설이 많을 때 기대되는 업종 중 하나가 커피전문점이다. 그렇다면 던킨도너츠 홍대역점(D)의 매출은 얼마일까? 대로변이라는 장점은 어느 정도이고, 매장 면적이 작아서 갖는 한계는 어느 정도일까? 던킨도너츠 홍대역점의 일 매출은 150만~180만 원 정도로 본다. 던킨도너츠 치고 꽤 높은 수준이다.

★ 투썸플레이스 홍대입구역점 vs 스타벅스 홍대역점

이번에는 안쪽의 대형 커피전문점을 보자. 투썸플레이스 홍대입구역점(B)과 스타벅스 홍대역점이 4미터쯤 되는 일방통행로를 사이에 두고 마주하고 있다. 투썸플레이스 홍대입구역점은 일 매출 550만~600만 원으로 본다. 투썸플레이스 매출로는 어마어마한 수준이다. 투썸플레이스 평균 매출이 월 4,000만 원을 조금 넘기 때문이다.

마주 보는 위치의 스타벅스 홍대역점(C)의 일 매출은 투썸플레이스보다 100만 원 높은 650만~700만 원으로 예상한다. 역시 손에 꼽힐 만한 수준이다. 스타벅스는 보통 일반 매장보다 DT점이 더 높은 매출을 보이는데, 스타벅스 홍

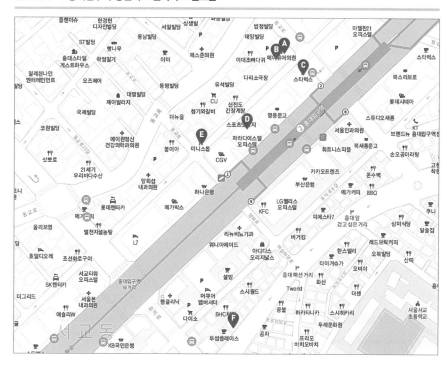

그림 9-3 홍대입구역 상권의 프랜차이즈 점포들

GS25 동교사랑점
일 매출 400만~500만 원

투썸플레이스 홍대입구역점
일 매출 550만~600만 원

스타벅스 홍대역점
일 매출 650만~700만 원

던킨도너츠 홍대역점
일 매출 150만~180만 원

미니스톱 홍대입구역점
일 매출 300만 원

할리스커피 홍대역점
일 매출 250만~300만 원

대역점은 DT점보다 매출이 높다.

이 밖에 GS25 동교사랑점(A)도 일 매출 400만 원 후반~500만 원으로 본다. 실로 대단한 입지다.

⭐ 할리스커피 홍대역점

홍대입구역의 모든 커피전문점이 이처럼 매출이 좋을까? 대체로 맞지만 투썸 프레이스 홍대입구역점과 스타벅스 홍대역점이 유난히 높다. 먹자 상권에 있는 할리스커피 홍대역점(F)은 250만~300만 원으로 일 매출을 예상한다. 1층 매장이 아니라는 치명적인 단점을 고려하면 이것도 대단한 매출이다. 홍대 상권이 워낙 활성화돼 있기 때문이다. 일반적인 상권에선 절대 불가능한 수준이다.

하루 매출 1,000만 원,
에뛰드하우스의 비결

★ 세븐일레븐 마포홍익점 vs 배스킨라빈스 홍대역점

〈그림 9-4〉를 보자. 홍대입구역 8번 출구에서 나와 안쪽으로 들어가면 먹자골목이 나온다. 그 초입의 세븐일레븐 마포홍익점(A)을 보자. 이곳도 대로변의 대형 업무시설 근무자들이 이용하러 올 것으로 보인다. 그래서 일 매출을 300만 원 초중반대로 예상한다.

　그렇다면 그 골목 안쪽의 배스킨라빈스 홍대역점(B)은 매출이 얼마나 될까? 다른 상권의 배스킨라빈스와 비교하면 어떤 수준일까? 대로변이 아니면서 코너가 아닌 골목 안쪽일 때, 배스킨라빈스의 매출이 높으려면 상권이 어지간히 활성화된 곳이 아니면 불가능하다. 배스킨라빈스 홍대역점 일 매출은 150만~180만 원으로 예상한다. 홍대 상권인 만큼 이보다 높을 텐데 아무래도 입지가 갖는 한계를 넘지 못한 듯하다.

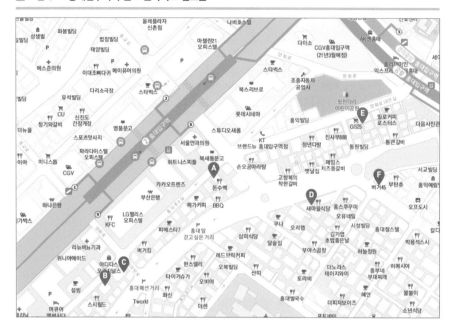

세븐일레븐 마포홍익점
일 매출 300만 원

배스킨라빈스 홍대역점
일 매출 150만~180만 원

에뛰드하우스 홍대점
일 매출 1,000만 원

새마을식당 홍대서교점
일 매출 600만~650만 원

GS25 홍대공원점
일 매출 100만 원

CU 홍대서교점
일 매출 200만 원

⊛ 에뛰드하우스 홍대점

반면 배스킨라빈스 홍대역점과 같은 골목의 바로 옆 코너에 있는 에뛰드하우스 홍대점(C)은 일 매출이 1,000만 원 전후로 알려져 있다. 화장품점과 아이스크림점을 단순 비교할 순 없지만, 코너 입지와 비코너 입지의 매출 차이가 이처럼 크다는 사실은 눈여겨볼 만하다.

입지를 보면, 에뛰드하우스 홍대점은 홍대로 올라가는 골목길의 최단 동선과 배스킨라빈스 홍대역점에서 나오는 동선도 끼고 있다. 고매출의 중요한 요인이다. 한편 배스킨라빈스 홍대역점은 앞서 말한 매출을 유지하다 최근 폐점했다.

⊛ 새마을식당 홍대서교점

그렇다면 안쪽 먹자 상권에 있는 새마을식당 홍대서교점(D)의 매출은 어떨까? 새마을식당은 매출이 좋지 않은 곳은 하루 130만 원 정도, 매출이 좋은 곳도 하루 300만 원을 넘는 곳이 드물다. 주거지 상권에선 250만 원만 돼도 높은 편이라는 게 업계의 평가다. 홍대 상권 내에 있으니 이곳은 좀 더 높지 않을까? 게다가 넓은 면적에 24시간 영업이다. 새마을식당 홍대서교점은 일 매출 600만~650만 원으로 예상한다.

⊛ GS25 홍대공원점 vs CU 홍대서교점

이번에는 편의점 매출을 알아보자. 사실상 홍대 상권의 특성이 전혀 없는 주거지에 위치한 GS25 홍대공원점(E)은 하루 100만 원 후반의 매출을 올릴 것으로 예상한다. 반면 CU 홍대서교점(F)은 하루 200만 원 중반으로 본다.

화장품점이 입점할 만한
상가에 투자하라

책 한 권 읽고 상가를 보는 눈이 트인다면 얼마나 좋겠냐마는 점포개발을 십수 년 하고도 시원스레 말하기 어려운 것이 소매점 매출이다. 그럼에도 불구하고 이 책을 여기까지 읽은 독자라면, 대로변이 무조건 좋다는 잘못된 분석에서는 벗어나 있지 않을까?

⊛ CU 서교타워점 vs CU 서교제일점

독자 여러분께 질문을 드려본다. 〈그림 9-5〉를 보라. CU 서교타워점(A)과 CU 서교제일점(B) 중 어느 쪽 매출이 더 높을까? 부동산 가격이 더 비싼 쪽은 지하철역 출구와 가깝고 대로변에 있는 CU 서교타워점일까, 안쪽 코너에 있는 CU 서교제일점일까?

　첫 번째 질문에 대해서는 입지를 분석해봐야겠지만, 두 번째 질문에 답하자

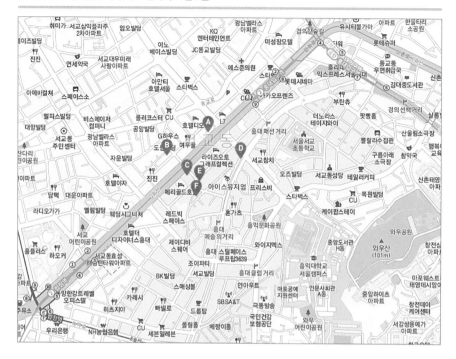

CU 서교타워점
일 매출 180만~200만 원

CU 서교제일점
일 매출 250만 원

뚜레쥬르 마포서교점
일 매출 150만 원

토니모리 홍대점
일 매출 500만 원

이마트24 마포서교점
일 매출 250만 원

GS25 홍대골목길점
일 매출 300만 원

면 거의 언제나 대로변 상가가 더 비싸다. 분양 시장에 나와도 그렇고 개별 공시지가도 그렇고 임대료 수준도 그렇다.

그렇지만 상상을 한번 해보자. 만약 독자 여러분이 CU 서교타워점이 입점한 오피스 빌딩에 근무하는 직장인이라면 출퇴근 시 어느 쪽으로 다닐까? 흔히 말하는 출퇴근 동선 말이다. 당연히 역이 있는 대로변일 것이다. 따라서 출퇴근하는 동안은 대로변의 편의점 이용율이 높을 테고, 그런 점에서 우세한 입지는 CU 서교타워점이다.

한편 근무 중 사적인 전화를 받거나, 담배를 피우거나, 누군가를 만나기 위해 잠시 외출하거나, 점심을 먹을 때는 대로변으로 갈까, 건물 뒤편으로 갈까? 퇴근 후 회식을 한다면 대로변에서 할까, 안쪽 골목에서 할까? 당연히 건물 뒤편일 테고, 이때는 CU 서교제일점이 우세할 것이다.

그렇다면 매출은 어떨까? 업무용 빌딩의 대로변 1층 자리는 분명 그 자리만의 장점이 있다. 그러나 편의점, 술을 취급하는 식당 등의 입지로는 안쪽 골목이 낫다. 그렇다면 소비를 출퇴근 중에 많이 하겠나, 식사나 뒤풀이 중에 많이 하겠나. 당연히 후자다. 그러니 보다 저렴한 임대료에도 우월한 매출을 보장하는 곳이 이곳이다. 단, 대로변에 충분한 수요가 있을 때 말이다. 즉 대로변의 충분한 유효수요가 식사를 하고 뒤풀이를 하는 길목을 잡는 게 업무용 빌딩 주변의 상가투자에서 아주 중요한 포인트다.

이 같은 판단으로 CU 서교타워점은 일 매출 180만~200만 원 초반으로 추정한다. CU 서교제일점의 일 매출은 250만 원을 조금 상회할 것으로 예상한다.

⊛ 뚜레쥬르 마포서교점

그렇다면 길 건너 대로변의 뚜레쥬르 마포서교점(C)은 어떨까? 대로변에 충분한 수요가 없다면 안쪽 주거지 수요에 의한 매출에 의존해야 할 입지다. 그런데 안쪽의 수요가 지하철역으로 향할 때의 동선을 그려보면, 대로변으로 나와 뚜레쥬르 마포서교점 앞을 지난 뒤 역으로 향하기보다는 안쪽의 도로를 이용할 가능성이 크다. 더 가깝기 때문이다.

뚜레쥬르 마포서교점의 일 매출은 150만 원 정도로 예상한다. 안쪽의 수요도 베이커리의 수요로 조금 부족하고 대로변도 마찬가지이기 때문이다.

⊛ 토니모리 홍대점

이번에는 토니모리 홍대점(D)을 보자. 젊은 층이 많기 때문에 매출이 꽤 높을 듯한데, 실제로 얼마나 될까? 사실 상가건물의 임대료가 올라가려면 이런 판매점들이 입점할 만한 입지가 돼야 한다. 대로변에 있는 대형 의류점에만 해당하는 이야기가 아니다. 작은 규모지만 토니모리 같은 경우도 마찬가지다.

저 작은 면적에 테이블 장사를 하는 업장이 들어온다면 분명히 매출에 한계가 있고, 임대료를 낼 여력에도 한계가 있을 것이다. 그런데 토니모리 홍대점은 일 매출이 500만 원 전후로 추정된다. 판매점이기에 가능한 수치다.

작든 크든 빌딩투자를 구상하는 분이라면, 이런 사례를 참고해서 건물에 화장품점이 입점할 만한지 여부를 판단하시길 바란다.

⭐ 이마트24 마포서교점 vs GS25 홍대골목길점

이밖에도 과거 미니스톱 서교3점이었다가 브랜드가 바뀐 이마트24 마포서교점(E), 이보다 더 안쪽에 있는 GS25 홍대골목길점(F)이 있다. 미니스톱 서교3점이 오픈할 당시 나는 점포개발 담당으로 이 지역 상권 조사는 물론 가맹점주 상담까지 모두 진행했다. 본사의 사정으로 오픈 당시 점장도 맡았다. 당시 일 매출은 250만 원이 조금 넘었다.

미니스톱 서교3점(현재 이마트24 마포서교점)보다 더 안쪽의 GS25 홍대골목길점은 일 매출이 250만 원을 훌쩍 넘어 300만 원에 육박한다. 비좁은 골목들이 방사형으로 퍼져 있는 원룸 건물에서 매출이 나오는 것이다. 다만 원룸이 더 지어지거나 멸실된 것이 있다면 이에 따른 변화는 있을 것이다.

대학가 상권의
특징

대학가 상권 하면 무엇이 떠오르는가? 긍정적인 것으로는 젊은이들의 높은 소비 성향과 부모로부터 용돈을 받으니 경기에 둔감할 것이라고 기대할 수 있다. 부정적인 것으로는 방학 때는 매출이 크게 줄고 직장인보다 주머니 사정이 좋지 않으니 고가의 제품이나 서비스는 수요가 적다는 정도가 있겠다.

여기서 많은 이들이 알고 있지만 정확히는 모르는 내용 하나를 짚고 넘어가 보자. 방학이면 매출이 얼마나 줄어들까? 우선 학교마다 차이가 크다. 방학에도 본가에 내려가지 않고 아르바이트를 하며 학원을 다니는 등 학교 근처에서 지내는 학생들이 많은 곳이라면 매출 감소가 적다. 물론 반대의 경우는 감소가 크다. 모든 대학가 상권이 방학 때 침체되는 건 아니다. 또한 대학가 역시 입지에 따라 매출 차이가 크다.

여기서 잠깐 '아령 상권'에 대해 알아보자. 흔히들 경사로엔 상권이 잘 형성되지 않는다고 한다. 유동인구는 물과 같아서 오르막이나 내리막에선 잘 모이지 않는다는 것이다. 길을 걷는 데 신경 쓰느라 옆을 잘 보지 않기 때문이라고도 한다.

틀렸다. 비탈길 상권이 그렇지 않은 주변보다 좋지 않은 것이 보통인 건 맞다. 그러나 분석이 완전히 틀렸다. 시중에 흔해빠진 가짜 상가 전문가들이 현상

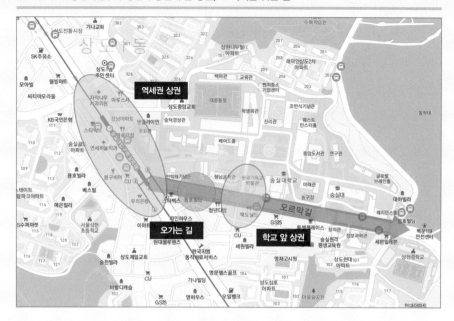

을 보고 끼워 맞추기식 풀이를 한 것에 지나지 않는다.

〈그림 9-6〉을 보자. 숭실대입구역이 있는 곳이 지대가 가장 낮은 평지다. 그리고 화살표로 표시한 것처럼 동쪽으로는 고개를 하나 넘는 엄청난 오르막이 이어진다. 이 오르막이 상권이 나쁠까? 그렇지 않다. 나쁜 곳도 있고 그렇지 않은 곳도 있다.

학교 앞은 확실히 상권이 좋고, 조금 벗어나 지하철역으로 향하거나 반대로 향하는 곳은 이에 비해 약하다. 이렇게 된 원인은 무엇일까? 역 근처는 주변 유효수요가 모이는 상권이니 좋다. 또 학교 앞 상권은 학생들이 있어 유효수요가 풍부하다. 그러나 학교 앞과 지하철역 중간은 유효수요의 머무름 없이 그저 역과 학교 사이를 '오가는 길'일 뿐이다.

그래서 장사가 덜 되는 것이지, 비탈길이라 걷는 데 신경을 쓰느라고 옆을 볼 겨를이 없어서가 아니다. 홍대입구역 앞 상권과 홍대 앞 상권 사이만 봐도 알 수 있다. 평지지만(엄밀히 말하면 아주 약한 경사지) 학교와 역 사이를 '오가는 길'이기 때문에 상권이 취약한 것이지, 비탈길이라서가 아니다.

〈그림 9-7〉을 보면 홍대입구역 역세권 상권이 크게 한 덩어리 있고, 학교 앞은 학교 앞대로 '고인' 유효수요가 제법 있다. 이 두 상권이 무게감이 있다. 마치 아령처럼 말이다. 그리고 양옆의 무게 있는 상권을 연결하는 상권이 있다.

이런 곳은 유동인구는 어느 정도 있을지언정 유동인구의 지갑을 여는 곳은 아니다. 두 상권을 그저 연결하는 역할을 할 뿐이기 때문이다. 이 차이를 안다면 대학가 상권에 투자를 하거나 창업을 할 때 도움이 될 것이다.

⬇ 그림 9-7 홍대입구역 상권과 홍대 앞 상권, 그 사이를 잇는 길

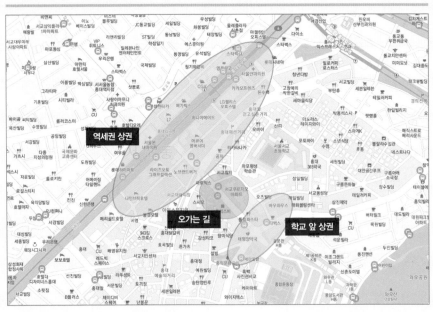

── 1일 매출로 보는

안암역 & 고려대역

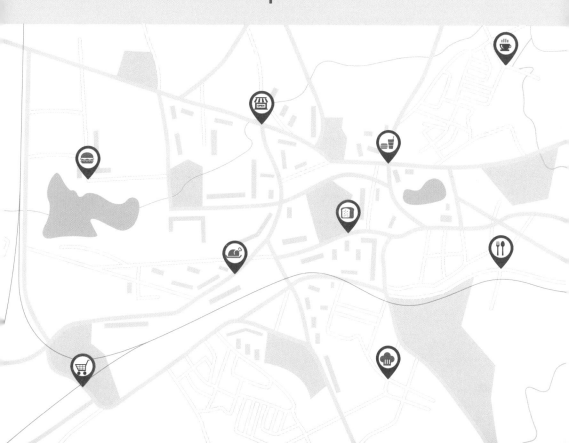

대학가에서 선전하는
이니스프리

고려대에는 두 개의 지하철역이 있다. 하나는 고대 정문 쪽의 고려대역이고, 하나는 고대병원 쪽의 안암역이다. 이 두 개의 역 가운데 상권이 활성화된 곳은 단연 안암역이다. 고려대생들은 고려대역이 아니라 안암역 상권을 이용한다. 점포의 종류나 유동인구 모두 안암역이 훨씬 더 많다.

안암역 상권에서 가장 먼저 언급하고 싶은 업종은 중저가 화장품점이다. 중저가 화장품점은 대학가 상권의 성격과 잘 맞아 다른 업종에 비해 좋은 수익을 내는 것으로 알려져 있기 때문이다. 그러나 중저가 화장품점은 브랜드 선호도의 차이가 크게 나타나며, 최근 온라인 판매가 늘면서 전반적인 매출 하락세에 있다. 이런 점을 감안해서 보되, 입지별·브랜드별 매출 차이를 통해 대학가 중저가 화장품점의 특징을 알아보자.

〈그림 10-1〉은 매출을 조사하던 당시의 지도다. 그러나 아리따움과 이니스프리는 인근 지역으로 이전했고, 에뛰드하우스는 폐점했다. 책을 쓰는 입장에

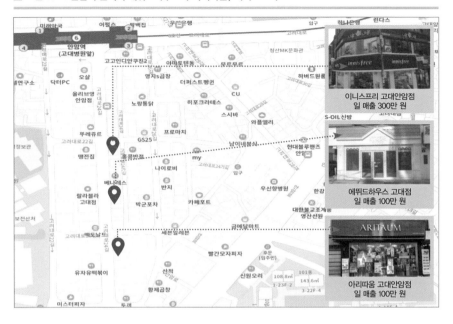

서 폐점한 점포 사진을 게재한다는 게 여간 마음 불편한 일이 아니다. 사실 이 책에 담지 못한 자료 중 대부분이 매출이 부진한 점포들에 대한 것이다. 누군 가는 적지 않은 자본을 들여 열심히 하는 사업인데, 매출이 높으니 낮으니 왈 가왈부한다는 것 자체가 결례로 느껴졌다. 그러나 잘되는 곳과 그렇지 못한 곳 을 모두 다뤄야 입지를 보는 독자들의 안목이 높아질 수 있다. 그러니 가맹점 주와 임대인, 그리고 프랜차이즈 본부 관계자의 너른 양해가 있길 바란다.

⭐ 에뛰드하우스 고대점 vs 아리따움 고대안암점 vs 이니스프리 고대안암점

우선 눈에 띄는 것은 에뛰드하우스의 폐점이다. 해당 자리는 월세가 350만 원을 조금 넘는데, 화장품점의 일 매출이 100만 원만 유지돼도 버틸 수 있는 정도의 임대료다. 일반적인 소매점들은 장사가 안 돼도 권리금을 받기 위해 웬만하면 버틴다. 그럼에도 불구하고 이곳은 경쟁 브랜드에 밀려 폐점하고 말았다. 입지의 문제도 있지만 매장 면적이 협소한 탓도 있었으리라 본다.

그렇다면 에뛰드하우스 남쪽에 있는 두 개의 점포, 아리따움 고대안암점과 이니스프리 고대안암점의 매출은 각각 어땠을까? 아리따움은 하루 100만 원 전후, 이니스프리는 300만 원 전후로 봤다. 중저가 화장품점이 일 매출 300만 원이라니 상당한 수준이다.

표 〈10-1〉에서 보듯 월 매출이 9,000만 원 정도인 화장품전문점은 임차료와 관리비를 차감하기 전 손익이 2,000만 원에 육박한다. 물론 브랜드나 점포마다 차이가 있겠지만 수치에 큰 차이는 없을 것으로 본다. 이니스프리와 아리따움을 비교하자면, 아리따움은 원 브랜드가 아닌 종합화장품의 성격을 갖고 있다. 이런 경우는 상품의 마진이 좀 더 적다. 즉 이니스프리의 상품 마진이 조금 더

▣ 표 10–1 이니스프리 고대안암점 예상 손익분석

항목	수입	지출	비고
일 매출	3,000,000		
월 매출	90,000,000		
인건비		14,400,000	매출 대비 15~20% / 16% 적용
관리비			
물품대		54,000,000	재료비 비중: 매출 대비 60%
기타 비용		2,000,000	카드 수수료, 사은품 등
임대료			임대료 부가세 포함
점주 수익	19,600,000		임대료 차감, 점주 인건비 포함

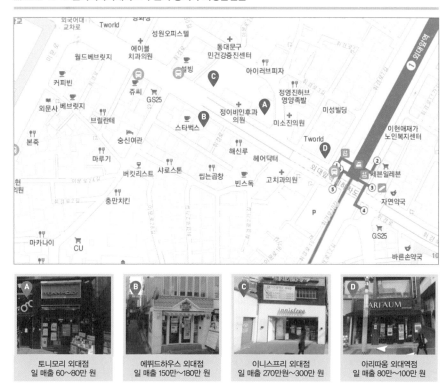

| 토니모리 외대점 | 에뛰드하우스 외대점 | 이니스프리 외대점 | 아리따움 외대역점 |
| 일 매출 60~80만 원 | 일 매출 150만~180만 원 | 일 매출 270만원~300만 원 | 일 매출 80만~100만 원 |

높다. 또 화장품전문점의 운영에 따른 손익은 사은품 비용이 얼마나 추가되느냐에 따라 달라진다.

혹시 안암역의 이니스프리만 이렇게 매출이 좋은 걸까? 그렇진 않다. 인근의 또 다른 대학가, 한국외국어대학교 앞의 화장품점들을 보자. 토니모리 외대점(A)이 일 매출 60만~80만 원을 오가다 최근 해당 건물의 재건축으로 폐점했으며 에뛰드하우스 외대점(B)은 하루 150만~180만 원, 아리따움 외대역점(D)은 80만~100만 원 정도를 파는 것으로 본다. 반면 이니스프리 외대점(C)은 일 매출 270만~ 300만 원 정도로 추정한다.

대학생 모임 장소로 딱!
맥주를 마실 수 있는 치킨집

처음에는 안암역 어느 상권이 가장 활발할지 예측하기 어려웠다. 상권을 떠받쳐줄 유효수요로 대학이 클지 대학가 앞 주거지가 클지 가늠하기 어려웠던 것이다. 그러나 투자나 창업을 해야 할 곳은 한눈에 들어왔다.

〈그림 10-3〉을 보자. 빨간 점선으로 표시한 곳을 중심으로 서쪽에 고려대학교가 있고 동쪽에 고대 학생들이 주로 사는 주거지가 형성돼 있다. 재미있는 건 검은 점선으로 표시한 곳이다. 바로 고대 담벼락으로, 학생들의 동선을 완전히 차단하는 역할을 한다.

이번에는 〈그림 10-4〉를 보자. 용인시 수지구에 있는 단국대학교 죽전캠퍼스 주변 지도다. 대학교와 상가주택 사이에 보행자 출입구가 있고, 이를 통해 파란 점선과 같은 동선이 형성 돼 있다. 대로변에 커피전문점과 각종 판매점이 입점해 있다면, 뒤 라인에 해당하는 이 동선 상엔 식당가가 주를 이뤄 먹자골목을 형성하고 있다.

그림 10-3 고려대학교와 고대 학생들의 주거지 사이를 막고 있는 담벼락

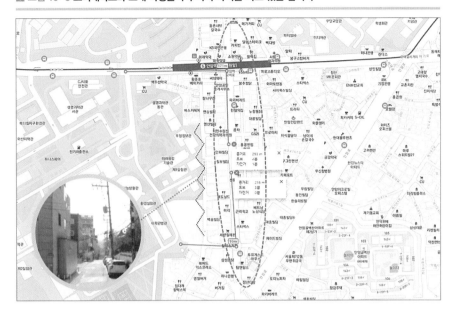

그림 10-4 단국대학교 죽전캠퍼스와 이어지는 거주지역

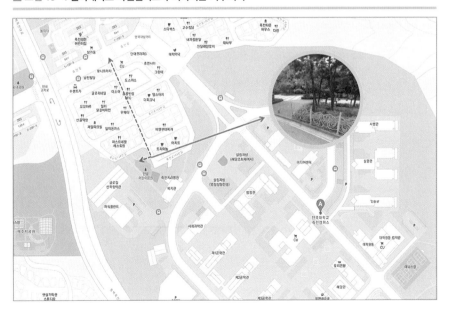

반면 안암역 사거리 서남쪽의 고려대는 그렇지 않다. 학교와 주거지 사이가 담벼락으로 막혀 있으니 뒤 라인 쪽은 대학 역세권 상권임에도 상권이 전혀 발달돼 있지 않다. 그렇다면 대로변은 어떨까? 당연히 어느 정도 영향은 받겠지만, 걸어서 5분 이내라 고대 학생들이 이용하기에 충분해 보인다.

하지만 안암역에서 안암오거리로 이어지는 상권의 동선에서 서쪽(학교 쪽) 상권이 좋을지, 동쪽(주거지 쪽) 상권이 좋을지를 가늠하기는 쉽지 않았다. 일단 고대 재학생은 동쪽에서 유발되지만, 막상 해당 상권으로 발을 들이고 나면 너무나 쉽게 길을 건너 다닐 수 있는 골목길 정도의 일방통행로가 있기 때문이다. 그래서 이 지역은 학교와 거주지가 만나는 동선인 대로변이 가장 활발한 상권이다.

⊛ 파리바게뜨 안암역점 vs 뚜레쥬르 카페 안암역점

그렇다면 이 상권의 프랜차이즈점들은 매출이 얼마나 되는지 알아보자. 내가 가장 궁금한 곳은 파리바게뜨 안암역점(B)과 뚜레쥬르 카페 안암역점(A)이었다. 입지에서 우열을 가리기 쉽지 않기 때문이다. 대학교를 배후에 둔 뚜레쥬르 카페 안암역점이 얼핏 우세해 보이지만, 이 자리는 배후가 담벼락에 막혀 학교의 직접 동선과 연결되지 않기 때문이다.

파리바게뜨 안암역점의 일 매출은 200만~230만 원 정도로 본다. 독자 여러분이 기억해야 할 점은 이런 상권과 입지에서 이만 한 매출이 나온다는 사실이다. 대학가, 유흥가는 업종별로 면밀하게 매출을 분석하기보다는 상권의 규모와 그에 따른 매출 규모를 업종별로 두루 익혀둔 다음 다른 곳에 대입하는 연

➡ 그림 10–5 안암역 상권의 프랜차이즈 점포들

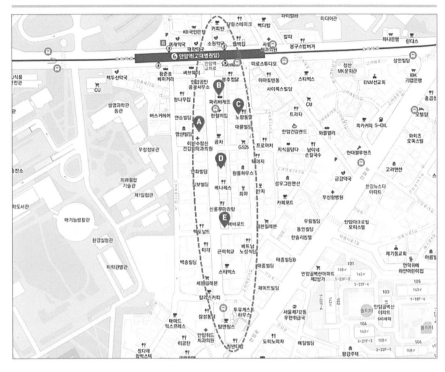

뚜레쥬르 카페 안암역점
일 매출 170만~200만 원

파리바게뜨 안암역점
일 매출 200만~230만 원

노랑통닭 고대점
일 매출 220만~250만 원

배스킨라빈스 고대안암점
일 매출 130만~160만 원

이삭토스트 고려대점
일 매출 60만~70만 원

습을 해야 실수를 줄일 수 있다. 나 역시 이와 같은 방법으로 접근하고 있다.

파리바게뜨 안암역점 맞은편에는 뚜레쥬르 카페 안암역점이 있다. 매출은 파리바게뜨 안암역점보다 10% 정도 적을 것으로 본다. 적으면 하루 170만 원, 많으면 200만 원 정도일 것으로 계산했다.

⭐ 노랑통닭 고대점

안암역 안쪽 골목에는 노랑통닭 고대점(C)이 있다. 내 흥미를 끄는 건 대로변의 파리바게뜨 안암역점과 안쪽 골목의 노랑통닭 고대점 중 어느 쪽 매출이 더 높을까 하는 점이다. 사실 대학가 상권에서는 상권의 위상에 비해 베이커리가 잘되는 편은 아니다. 그러나 치킨집은 다르다. 대학가 상권에서 인기 브랜드의 치킨집 매출은 상당하다.

이 경우도 예외는 아니다. 노랑통닭 고대점은 하루 220만~250만 원 정도의 높은 매출을 예상한다. 학기 중일 때와 방학 중일 때 차이가 크겠지만 한 해 평균으로 보면 일 매출이 이 정도 수준은 될 것이다. 노랑통닭이 치맥집으로 인기가 많은 이유도 있겠지만, 대학가 상권은 역시 치킨집과 잘 맞는다.

⭐ 배스킨라빈스 고대안암점 vs 이삭토스트 고려대점

이 밖에 배스킨라빈스 고대안암점(D)과 이삭토스트 고려대점(E)의 매출을 보자. 배스킨라빈스 고대안암점 일 매출은 130만~160만 원으로 본다. 이 정도면 준수한 수준이다.

이삭토스트 고려대점은 60만~70만 원 정도의 일 매출을 예상한다. 천호역 대로변의 이삭토스트 강동성심병원점보다 좀 더 높은 수준이라는 점은 괄목할 만하다. 김밥집이 아닌 떡볶이 위주의 분식집의 경우 보통 목표 매출을 월 2,000만 원으로 잡는데, 토스트 매장이 이 정도면 양호한 편이다.

고려대생이 오지 않는
고려대역

안암역에 이어 이제 고려대역 상권에 대해 알아볼 차례다. 그런데 고려대역을 조사하며 내가 가장 충격을 받은 곳은 파리바게뜨 고대역점이다. 고려대역 출구 바로 앞인데도 매출이 저조했다. 역 앞 대로변 상가라고 다 좋은 입지가 아니라는 사실을 다시 한 번 실감케 해준 곳이다.

★ 파리바게뜨 고대역점

파리바게뜨 고대역점(A) 같은 입지는 장사가 잘되려면 직접 배후가 강해야 한다. 지도에 검은 점선으로 표시한 곳이다. 그런데 지도만 봐도 감이 잡힌다. 단독·다세대 주택이 밀집한 지역인 데다 내부순환로가 지나고 있어 그 너머의 한신아파트 등은 단절돼 있다. 그러니 직접 배후가 매우 약하다.

그렇다면 고려대 학생들이 주된 수요층이 돼줄 것인가? 그마저도 고개를 가

파리바게뜨 고대역점 일 매출 150만 원	BHC 고대역점 일 매출 120만~150만 원	CU 고대1호점 일 매출 120만~150만 원	GS25 고대으뜸점

로젓게 한다. 고려대에서 지하도를 이용하지 않고 해당 점포로 가려면 파란 점선으로 표시한 것처럼 빙 돌아가야 한다. 고려대에서 해당 점포 쪽으로 건너는 횡단보도가 없기 때문이다. 어지간히 빵이 고픈 사람이 아니고서야 지하도를 건너는 불편함을 감수해가며 이용하지 않을 게 분명하다. 평균 이하의 매출, 하루 150만 원 전후가 예상되는 대목이다. 최근 다락같이 오른 최저임금을 감안하면, 가맹점주의 여유 있는 수익은 기대하기 힘들다.

✪ BHC 고대역점

파리바게뜨 고대역점 남쪽에 있는 BHC 고대역점(B)도 살펴보자. 대학가의 치킨집은 배달 매출도 많고 내점한 손님들의 치맥 매출도 상당하다. 이 점포는 하루 120만~150만 원 정도의 매출이 발생할 것이다. 사실 교촌치킨이나 BHC 같은 브랜드는 배달 매출이 워낙 많아 입지로 평가하기는 어렵다. 이 지역의 브랜드 선호도가 이 정도라고 생각하면 적당하다. 매출은 보통 수준이다.

✪ CU 고대1호점과 vs GS25 고대으뜸점

BHC 고대역점의 남쪽엔 CU 고대1호점(C)과 GS25 고대으뜸점(D)이 있다. 이제 편의점은 지도만 봐도 어느 쪽이 우세한 입지인지 맞힐 수 있으리라 본다. 어느 점포가 더 좋은 매출을 보일까?

GS25 고대으뜸점은 버스정류소를 끼고 있을 뿐만 아니라 맞은편 고려대로 들어가는 횡단보도를 앞에 두고 있다. 경쟁점인 CU 고대1호점의 내점객은 상당수가 이 앞을 지나야 한다. 따라서 GS25 고대으뜸점이 우세한 입지에 있다고 판단한다.

매출을 말하자면 CU 고대1호점이 하루 120만~150만 원, GS25 고대으뜸점은 이보다 월등히 높을 것으로 본다.

경희대 상권과
프랜차이즈 매출

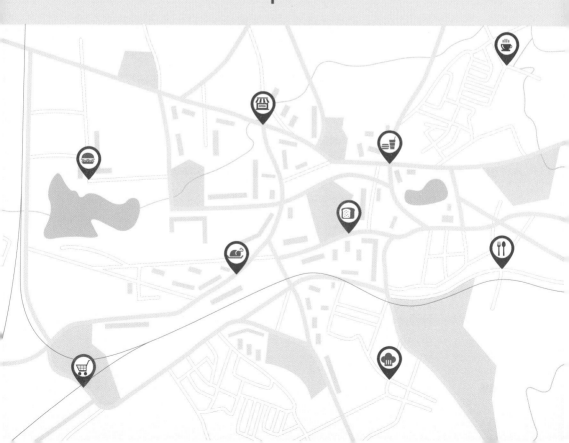

경희대학교 학생들과
병원 교직원들의 회식 장소

경희대 상권 지도를 처음 보았을 때 '설명이 쉽지 않겠다'는 것이 첫인상이었다. 1개의 지역에 두 군데 이상의 메인 동선이 형성되거나 2개 지역에 메인 상권이 생길 때 그러하다. 경희대의 경우 학교에서 역으로 향하는 동선도 2개가 메인으로 보이고, 학교 앞 상권과 역 앞 상권이 또 있으니 어느 곳이 1입지인지 콕 집어 말하기가 쉽지 않다.

〈그림 11-1〉을 보자. 대학교에서 지하철 역으로 가는 동선 2개 중 어느 동선이 더 우위에 있을까? 매우 모호해 보인다. 이는 구도심이라 생기는 문제다. 1번 동선은 학교에서 지하철역으로 향하는 가장 짧은 동선으로 보이고, 또한 인근 주택가에는 학생들이 거주하고 있어 분명 원룸가 상권도 형성돼 있을 것으로 예상한다.

반면 2번 동선은 도로가 좋다. 이런 곳은 올리브영, 대형 커피전문점, 패스트푸드점 등의 프랜차이즈 점포들이 선호하는 입지다. 소위 간판발 좀 있고 대

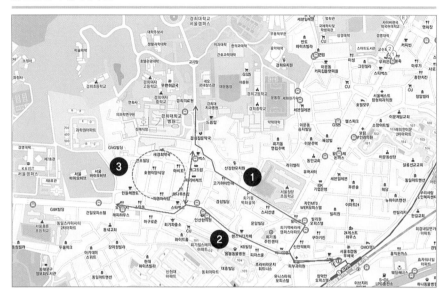

로변 번듯한 자리를 선호하는 업종들이 찾는 곳이다. 무엇보다 1번 동선의 상
가들보다 비싸다. 1번 동선은 단독주택을 매입하여 1층을 상가로 개조, 임대나
창업을 하는 것도 고려해볼 만한 입지다.

또 역세권 상가 중에서 대학교 역세권은 유독 비싸다. 대학교라는 큰 유효수
요에 역세권이라는 장점도 있으니 그렇지 않겠나. 하지만 이번 장은 역세권 매
출을 살펴보는 것이 아니라 대학가 상권의 프랜차이즈 매출을 언급하는 것이
목적인 만큼 이에 맞춰 이야기를 하고자 한다.

〈그림 11-1〉의 3번 구역을 확대하여 보자. 〈그림 11-2〉에서 보듯이 검은 점
선으로 표시한 곳을 상가주택지의 블록으로 치면, 이 블록을 관통하는 도로를
끼고 있는 입지가 더 우세하다. 즉 파란 실선으로 표시한 곳이 더 우세한 입지이
고 파란 점선으로 표시한 곳은 그렇지 않은 입지다.

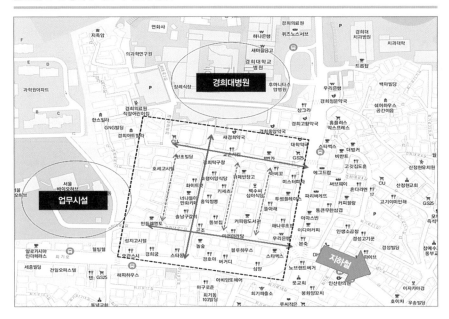

　일반적으로 상가가 임대나 매매 시장에 나오면 지역의 시세에서 크게 벗어나지 않는다. 땅도 그 지역의 '평당 몇 천만 원이 시세'라는 말로 거래가가 정해지기 일쑤다. 그러니 조금이라도 우위에 있는 입지를 골라내야 한다. 그런 입지가 바로 파란 실선으로 표시한 곳이다.

　그렇다면 그 이 지역의 프랜차이즈 매출은 어떠할까??

⊛ 노랑통닭 경희대점 vs 교촌치킨 경희대점

안암역에서 하루 200만~250만 원 초반대의 높은 일 매출을 보였던 노랑통닭이 경희대로 오면 얼마나 팔까? 노랑통닭 경희대점(D)은 서쪽의 서울바이오허

CU 경희스타점
일 매출 150만 원

교촌치킨 경희대점
일 매출 180만~210만 원

CU 카이스트점
일 매출 200만~240만 원

노랑통닭 경희대점
일 매출 150만~180만 원

투썸플레이스 경희대점
일 매출 200만~250만 원

이디야커피 경희대점
일 매출 30만~40만 원

브 쪽 유효수요가 동쪽의 지하철로 향할 때 지나는 동선상에 있다. 또한 해당 점포의 북쪽에서 내려오는 경희대학교병원의 수요를 잡기에도 불편함이 없다. 무엇보다 관통도로 하나를 제대로 끼고 있다는 점이 강점이다.

그럼에도 노랑통닭 고대점에 비하면 약간의 열세가 점쳐진다. 노랑통닭 고대점이 고려대와 안암역 이면의 먹자 상권 초입에 위치한 것에 반해 노랑통닭 경희대점은 '역세'가 없기 때문이다. 그래서 노랑통닭 경희대점은 일 매출을 150만~180만 원 정도로 예상한다.

그렇다면 같은 상권에 있는 교촌치킨 경희대점(B)은 얼마의 매출을 보일까? 이곳은 경희대학교와 경희대학교병원에 바짝 붙어 있으니 이곳에서 유발되는 매출을 잡기에는 분명한 강점이 있다. 그런데 노랑통닭이 '치맥'에 좀 더 중점을 둔 영업을 하고 있다면 교촌치킨은 '배달'에 중점을 두고 있다. 하지만 교촌치킨 경희대점은 홀 영업, 그러니까 치맥 손님도 제대로 받고 있다. 점포 면적도 노랑통닭 경희대점과 거의 같다.

그렇다면 배달에서 우위가 있는 만큼 교촌치킨 경희대점의 매출이 더 높지 않을까? 교촌치킨 경희대점은 노랑통닭 경희대점보다 하루 30만 원 정도 높은 180만~210만 원 정도의 매출을 예상한다.

⍟ 대로변의 CU 카이스트점 vs 이면 원룸가의 CU 경희스타점

앞서 홍대의 사례에도 있었지만 대로변의 편의점보다 이면 안쪽의 편의점 매출이 더 높은 경우가 왕왕 있다. 그 조건은 이면 안쪽의 입지에 충분한 수요가 있거나 상권이 활발해야 한다는 것이다. 이를테면 원룸이 밀집돼 있거나 먹자 상권이 활성화돼 있어야 한다.

그렇다면 CU 경희스타점(A)은 그만한 수요를 갖추었을까? 직관적으로 봐도 해당 점포 주변의 다가구 원룸 수요밖에 없어 보인다. 그러기에 이러한 점포는 하루 150만 원 내외의 매출을 보일 것으로 예상한다.

반면 CU 카이스트점(C)은 맞은편에 경쟁점이 있지만(지도상엔 표시하지 않았지만 길 건너에 GS25가 있다) CU 경희스타점보다는 높은 매출을 보일 것으로 예상한다. CU 카이스트점은 서쪽의 업무시설을 끼고 있고 뒤에 있는 주거지의 초입에 있다. 또 대로변이기 때문에 주변 시설에 근무하는 이들도 CU 경희스타점보다 많을 테고 유동인구 또한 많을 것이다. 그래서 CU 카이스트점은 하루 200만~240만 원 정도의 매출을 보일 것으로 예상한다.

⊛ 대학 앞 대로변의 투썸플레이스 경희대점 vs 이디야커피 경희대점

대학가 앞의 대형 커피전문점은 언제부턴가 면적이 중시되기 시작했다. 공부하러 오는 학생, 노트북을 펴고 게임이나 과제를 하는 학생 등 장시간 이용객이 늘어나면서 생긴 추세다. 그러다 보니 같은 금액이면 주동선상에 있는 아주 좋은 자리, 대신 협소한 곳보다는 메인 상권에서 조금 떨어져 있더라도 충분한 면적을 확보한 곳이 더 좋은 매출을 보이곤 한다.

그런 점에서 투썸플레이스 경희대점(E)은 어떠한가? 병원과 대학 앞의 메인 동선에서 3개층 모두를 사용하고 있다. 커피전문점으로 넉넉한 면적이다. 앞서 투썸플레이스 가맹점 평균 매출이 하루 150만 원이 채 안 된다고 했다. 그러나 투썸플레이스 경희대점은 하루 200만~250만 원 정도의 매출을 보일 것으로 예상한다. 투썸플레이스 평균의 1.5배가 넘는 수준으로 꽤 높은 매출이다.

마지막으로 이디야커피 경희대점(F)을 보자. 이 상권에서 이디야커피가 갖는 포지션은 뭘까? 테이크아웃 전문점처럼 소형 매장도 아니고 노트북 펴고 공부하는 학생들을 위한 대형 매장도 아니다. 애매한 포지션이라 할 수 있다. 달리 보자면 작은 틈새시장을 발굴했다고도 할 수 있다. 매출이 나쁘면 전자가 될 것이고, 매출이 좋으면 후자가 될 것이다.

그럼 이디야커피 경희대점은 어느 쪽일까? 〈그림 11-3〉의 사진에서 보듯이 2층에 위치해 소형점으로서의 기능은 전혀 못한다고 봐야 한다. 1층에 매장이 없으니 대형점과 경쟁을 하기에도 여러 모로 쉬워 보이지 않는다. 그래서 이디야커피 경희대점은 하루 30~40만 원 정도의 매출을 보일 것으로 예상한다.

경기도

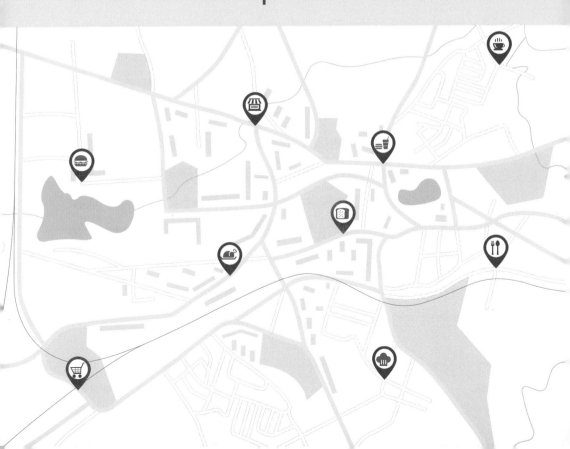

신도시 상가, 위험한 투자를 하지 않으려면
동탄신도시

대한민국 부동산 가운데 신도시 상가보다 위험한 게 또 있을까. 신축 빌라도 오피스텔도 이보다 가치 하락이 심한 곳은 없을 것이다. 많은 이들이 큰 손해를 입고 투자로부터 등을 돌리게 만드는 곳이기도 하다. 그렇다면 더 이상 피해를 입는 사례가 없어야 하는데 새로운 호구(?)가 계속 등장하며 그간 모은 재산을 모조리 털리고 있다.

이런 현상의 가장 큰 이유는 공부가 안 돼 있기 때문이다. 더 노골적으로 말하면, 신도시 상가에 대해 아는 것이 하나도 없으면서 자신이 아무것도 모른다는 사실 자체를 모른다.

2002년 6월 유통회사에서 점포개발 업무를 시작하면서도 느꼈던 점이고, 2014년 3월 상가투자 강의를 시작하면서도 느꼈던 점이다. 참으로 많은 이들이 자신이 상가에 대해 잘 안다고 착각한다. 마크 트웨인의 말마따나 '사람들이 위험에 빠지는 것은 무언가를 확실히 안다고 착각하기 때문이다.' 신도시 상가 시장에도 딱 맞는 말이다.

토지는 어려운 용어도 알아야 하고 공법도 좀 배워야 투자를 할 수 있다. 하지만 신도시 상가는 그럴 게 없다. 게다가 아파트에 투자를 꽤 해본 뒤 상가 시장으로 눈을 돌리게 되다 보니 자신이 잘 안다고 착각한다. 그러나 신도시 상가투자에 성공하고 싶다면, 지도를 보고 상권의 성격을 파악하고, 어떤 업종이 들어설 때 얼마의 매출이 나오며, 그로 인해 지급 가능한 임대료 수준은 어느 정도인지 알아야 한다.

상가의 가치는 이 같은 데이터를 바탕으로 평가하는 것이다. 절대로 분양사무실 컨테이너에서 상담한 내용으로 계산기를 두드려 수익률을 계산해선 안 된다. 무엇보다 성숙기에도 그 정도의 월세를 받을 수 있는 입지인지 알아보는 안목이 필요하다.

⭐ 근린상가지역은 전면지를 사라

〈그림 12-1〉을 보면 해당 상가를 이용할 유효수요는 거의 다 주거지임을 알 수 있다. 아파트와 단독주택에 둘러싸여 있기 때문이다. 이 유효수요는 학원, 병원, 은행, 슈퍼마켓, 베이커리 같은 업종을 자주 이용할까, 아니면 노래방이나 술집 같은 유흥업소를 자주 이용할까? 당연히 전자다. 따라서 이와 같은 상권의 상가를 고를 때는 당연히 학원, 병원, 슈퍼마켓, 베이커리, 은행 등이 선호하는 입지를 찾을 수 있어야 한다.

만약 독자 여러분이 파리바게뜨 점포개발 담당자라면 어느 자리를 고르겠나? 비싼 전면지일까, 좀 더 저렴한 후면지일까, 아니면 측면지일까?

파리바게뜨의 경우 이와 같은 상권에 하나의 지점을 낼 것이다. 그렇다면 전면지로 지점을 내야 건너편 아파트 사람들도 볼 수 있고 해당 지역 전 거주자들이 인지를 할 수 있다. 비싸더라도 전면지를 선호하는 이유다.

똑같은 이유로 은행, 슈퍼마켓, 편의점, 유명 프랜차이즈 학원 등도 전면지를 선호한다. 배달 위주의 치킨집이나 오토바이를 대기 편한 후면지를 찾지, 그 외에는 거의 모든 브랜드가 전면지를 선호한다.

게다가 근린상가지역의 주된 업종인 학원, 병원, 은행, 슈퍼마켓, 베이커리 등은 이용 빈도가 높은 대표적인 업종이다. 고정된 수요가 이용 빈도까지 높으니 어떤 일이 발생할까? 늘 가는 길로만 가게 된다. 그러면 이용 빈도가 높지 않은 업종도 늘 가는 길인 전면지에 있어야 인지가 가능하고 매출로 이어질 수

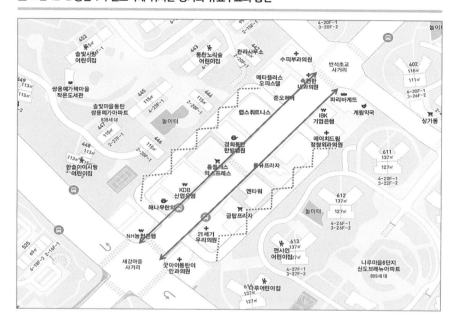

있다. 학원하고 마트 가는 길에 봤던 안경점을 가게 되고 커피전문점을 이용하게 된다는 말이다.

〈그림 12-2〉를 보자. 지도에 파란 실선으로 표시한 곳은 분양을 받거나 창업을 해도 될 만한 입지다. 빨간 점선은 그렇지 않은 곳을 표시한 것이다. 실제로 파란 실선으로 표시한 곳의 1층 상가는 전용 11평 정도에 한 칸짜리인데 6억 원 전후로 분양됐고 보증금 5,000만 원, 월세 250만 원 조금 넘게 임대되고 있다. 이로 인해 현재 매물 가격은 7억~8억 원 선이다. 분양가보다 오른 것이다.

배스킨라빈스 동탄솔빛점
일 매출 100만 원

GS25 동탄솔로점
일 매출 160만~190만 원

파리바게뜨 동탄나루마을점
일 매출 380만 원

아리따움 솔빛점
일 매출 100만 원

교촌치킨 동탄2호점
일 매출 130만~160만 원

⭐ 파리바게뜨 동탄나루마을점 vs 배스킨라빈스 동탄솔빛점

그렇다면 이 지역 프랜차이즈 점포들의 매출은 어떨까? 내가 아는 게 맞는다면 파리바게뜨 동탄나루마을점(C)은 동탄 1기 신도시 내에서 가장 매출이 높은 점포다. 일 매출이 380만 원에 육박한다. 그러니 맞은편 배스킨라빈스 동탄솔빛점(A)도 매출이 꽤 나와야 하지만, 하루 100만 원 선에 그친다. 지인의 설명에 따르면 점포 운영이 잘 안 되는 편이라고 한다. 인터넷을 검색해보니 그런 내용이 조회되기도 했다.

⭐ GS25 동탄솔빛로점 vs 교촌치킨 동탄2호점 vs 아리따움 솔빛점

배스킨라빈스 동탄솔빛점 옆의 GS25 동탄솔빛로점(B)은 일 매출 160만~190만 원을 예상한다. 6층짜리 근린상가 전면지에 입점하면 대개는 이 정도 수준을 보인다. 단, 이 지역처럼 약 1만 세대의 아파트와 단독주택지가 뒷받침될 때에 한해서 말이다.

맞은편 교촌치킨 동탄2호점(E)의 매출은 하루 130만~160만 원으로 추정한다. 11평 정도로 협소해서 매장 내 식사가 거의 불가능한데도 이 정도라면, 입지의 힘과 배후의 유효수요 1만 세대로 인한 배달 매출 때문이겠다.

화장품점도 모두 전면지에 위치한다. 아리따움 솔빛점(D) 일 매출을 100만 원 안팎으로 예상하는데 근처의 더페이스샵 등은 이보다 약 20% 낮을 것으로 본다.

유흥 상권이라면 안쪽 자리를 사라
안산

앞에서 근린상가지역에 대해 살펴봤으니 이번에는 중심상가지역에 대해 알아보자. 중심상가지역, 즉 술을 취급하는 일반음식점이 즐비한 먹자 상권 또는 유흥 상권도 대로변 전면지가 장사가 잘될까? 대로변에 있는 주점이라…….

유흥 상권으로 이용되는 중심상가지역은 전면지보다는 이면 안쪽 자리가 장사가 잘된다. 아무래도 유흥 상권을 이용할 때 전면지에 있는 곳보다는 이면 안쪽에 있어야 사람들 눈에 덜 띨 것 아닌가. 단란주점이나 숙박업소를 이용하는데 번듯한 대로변에 있다고 가정해보자. 주변의 시선에 신경이 좀 쓰일 법하다.

〈그림 12-4〉를 보자. 안산의 중앙역 뒤에 상가지역이 보인다. 이곳에는 2개의 큰 유효수요가 있다. 하나는 검은 점선으로 표시한 주거지역이고 다른 하나는 빨간 점선으로 표시한 업무시설이다. 안산시청을 포함해 크고 작은 사무실(가령 삼성화재 안산지사와 같은 곳)이 정말로 많다.

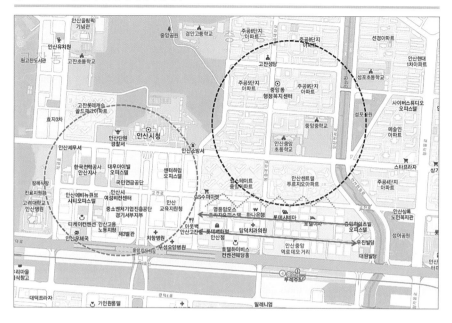

　　그렇다면 해당 상권의 쓰임은 어떻게 될까? 주거지역 유효수요에 의해 근린 상가지역 기능으로도 쓰이고, 업무시설 유효수요로 인해 중심상가지역 기능으로도 쓰일 것이다. 근린상가지역 기능으로 쓰이는 곳이라면 당연히 빨간 점선(꺾은선)으로 표시한 곳일 테고, 중심상가지역으로 쓰이는 곳은 파란 실선으로 표시한 곳일 것이다.

　　그런데 이 지역은 지도에서 보듯이 중심상가지역 북쪽에 근린상가지역이 한 곳 더 있다. 아파트 주민들은 이곳의 학원이나 병원을 이용하는 게 더 편리해 보인다. 그렇다면 중앙역 뒤편의 상권은 그 쓰임이 중심상가지역으로서의 기능이 더 클 것이다.

　　그렇다면 프랜차이즈점의 매출은 어떨까? 파란 실선에 속한 점포들의 매출은 높고, 빨간 점선에 속한 점포들의 매출은 낮을까? 놀라지 마시라. 독자 여러분이 생각하는 것보다 훨씬 더 큰 차이가 있을 것이니.

★ CU 안산중앙제일점

〈그림 12-5〉를 보자. CU 안산중앙제일점의 매출은 어느 수준일까? 맞은편에 1,152세대의 아파트를 새로 지어서 깨끗한 거리도 눈에 띄고 신축한 상가건물도 예뻐 보인다. 업계 용어로 간판발이 좀 산다.

하지만 매출은 신통치 않을 것이다. CU 안산중앙제일점이 입점한 상가건물에는 의원과 증권사 등이 들어와 있는데 영업이 그리 잘되지 않을 것으로 보기

⬆ 그림 12-5 CU 안산중앙제일점

때문이다. 이곳은 중앙역 상권의 메인이 아니기 때문이다.

CU 안산중앙제일점의 일 매출은 150만 원 전후로 예상한다. 최저시급 1만 원 시대인 것을 감안하면 너무나 낮은 매출이다. 역으로 말하면, 편의점 매출이 이처럼 저조하니 같은 건물 안의 업체들도 매출이 그리 좋지 않으리라고 추정할 수 있다.

메디컬 빌딩으로 잘 채워진 건물이지만 입지가 좋아서가 아니라 분양 또는 임대를 맡은 업체가 선수(?)이기 때문이리라는 추측을 하게 되는 대목이다.

⭐ GS25 안산중앙점 vs 세븐일레븐 안산중앙점

그렇다면 이면 안쪽의 편의점들 매출은 어떨까? 〈그림 12-6〉을 보자. 사거리 코너에 있는 GS25 안산중앙점(A)은 일 매출이 300만 원에 조금 못 미칠 것으로 예상한다. 사거리 코너 점포의 매출이 이 정도라면, 안쪽의 프랜차이즈점들은 얼마나 팔고 있을까?

세븐일레븐 안산중앙점(H)은 일 매출이 400만 원을 상회하는 점포라는 사실이 이미 잘 알려져 있다. 참고로, 그 옆의 배스킨라빈스 안산월드점도 일 매출 300만 원 수준으로 예상한다. 이 골목길에서 이 정도 매출이면, 다른 점포들을 굳이 알아보지 않아도 이 이면 골목이 얼마나 상권이 강한지 쉽게 짐작할 수 있다.

⬇ 그림 12-6 대로변 안쪽의 프랜차이즈 점포들

GS25 안산중앙점
일 매출 300만 원

배스킨라빈스 안산중앙역점
일 매출 100만 원

CU 안산중앙제일점
일 매출 150만 원

GS25 안산타워점
일 매출 250만~280만 원

파리바게뜨 안산중앙점
일 매출 330만~360만 원

아리따움 안산점
일 매출 150만~180만 원

이니스프리 안산중앙점
일 매출 300만 원

세븐일레븐 안산중앙점
일 매출 400만 원

—— 1일 매출로 보는

⭑ 아리따움 안산점 vs 이니스프리 안산중앙점

이외에도 골목길 안쪽의 아리따움 안산점(F)이 일 매출 150만~180만 원, 이니스프리 안산중앙점(G)이 300만 원 전후일 것으로 예상한다.

⭑ 배스킨라빈스 안산중앙역점

이처럼 이면 안쪽 점포들은 모두 매출이 높다. 다만 배스킨라빈스 안산중앙역점(B)의 입지와 매출은 조금 아쉽다. 파란 실선으로 표시한 안쪽 골목의 프랜차이즈점들은 업종을 가리지 않고 다들 고매출이다. 그런데 코너 바로 옆자리

🔽 그림 12-7 **배스킨라빈스 안산중앙역점**

에 입점한 배스킨라빈스 안산중앙역점은, 동선이 이면 골목보다 조금 약한 주거지와 지하철역 사이의 동선(파란 점선)에 있다.

물론 주거지 사람들이 지하철을 타러 갈 때 만나게 되는 주동선임은 분명하지만, 이면 안쪽 유흥 상권 이용자에겐 눈에 띄지 않는 자리다. 따라서 배스킨라빈스 안상중앙역점의 일 매출은 100만 원 내외로 예상한다.

★ 파리바게뜨 안산중앙점 vs GS25 안산타워점

이밖에 파리바게뜨 안산중앙점(E)은 1층에 베이커리, 2층엔 식음을 할 수 있는 테이블을 두고 있다. 1층은 약 20평, 2층은 약 40평이다. 일 매출은 330만~360만 원 정도로 예상한다. 그리고 이 점포에서 서쪽에 있는 GS25 안산타워점(D)은 250만~280만 원으로 추정한다.

앞서 언급한 대로 이면 안쪽 점포들은 모두 높은 매출을 보이고 있다. 내가 장사 잘되는 프랜차이즈만 선별했기 때문이라고 의심하신다면 현장에 한번 가보시길 권한다.

미분양에 공실이 넘쳐나도
성공하는 입지는 있다
위례신도시

내가 대학원을 다닐 때다. '개발사례연구'라는 대학원장님의 수업을 들을 때 위례신도시의 어느 상가건물에 대해 발표할 기회가 있었다. 당시 수업은 부동산 개발업체(시행사)가 자신의 회사에서 성공시킨 사업장에 대해 1차 발표를 하고 학생들이 상세한 내용을 조사해 심화 발표를 하는 식으로 이뤄졌다. 많은 사례 중 나는 위례신도시 상가 분양 성공(?) 사례를 골라 매우 불량한 상가를 분양했다고 반박했다.

상가의 실질 가치보다 매우 높은 가격에 분양을 했다고 강도 높게 비판했으며, 그 근거로 성숙기에 접어든 다른 신도시 상권의 사례를 들었다. 유사한 입지의 상가를 예로 들며 프랜차이즈 매출, 임대료 등으로 상가의 가치를 평가해 이를 위례신도시 상가와 대조한 것이다.

그 결과 성적은 잘 받았지만 다른 분들로부터 따가운 눈초리를 피할 순 없었다. 또 하나, 만약 위례신도시가 입주를 마치고 그 상가가 높은 가격에 임대된

[르포] 위례 상가, 임대료 반토막에도 1~2층은 '텅텅' 2020.06.23 아주경제신문
위례 중심상권 '중앙타워' 월 임대료 반토막…임대 수익률 5%→2.3% "2층 위 사무실…**위례신도시** 창곡동 인근 **상가** 공실 [사진=박기람 기자]**위례신도시** 창곡동 인근 **상가**들…

[집코노미TV] 위례신도시 상가, 은퇴자는 '쪽박'..건설사는 '대박'
2019.12.29 한국경제 다음뉴스
양쪽이 모두 비었어요. 입구가 이러니 건물로 잘 안 들어올 것 같아요. ▷**위례신도시 상가** 편의점
주투자자들은 정말 이자도 못 낼 정도로 세가 안 들어와요. ▷**위례신도시**…

별내**신도시 상가** '완판'인데,.**위례신도시 상가**는 '텅텅', 왜?
2018.07.24 이데일리 다음뉴스
싼 급매물도 나오고 있다는 게 현지 중개업소의 설명이다. **위례신도시**는 2014~2015년 분양 활황
기때 **상가** 분양가가 3.3m²당 5000만원에서 일부 입지가 좋은 곳은 6000만원에…

[르포] 1년 후 다시 가본 **위례신도시, 상가**는 여전히 '텅텅' 2019.05.28 서울파이낸스
26일 기자가 약 1년 만에 다시 찾은 **위례신도시**. 이곳은 인근 아파트의 입주가 일찌감치…오갔지만, 양옆에 위치한
상가 내부는 여전히 공실로 임차인을 기다리고 있을…

다면 내 이름에 먹칠을 하게 될 수 있었다.

그리고 1년이나 지났을까. 9시 뉴스에 해당 상가가 나왔다. 주변 상가는 텅 비었고 임차인을 구하지 못한 상가투자자들의 안타까운 사연이 소개됐다. 그뿐 아니라 다수의 언론에서도 위례신도시 상가의 문제점을 지적하는 기사들이 연이어 나왔다. 나 역시 〈한국경제신문〉을 포함한 다수의 언론과 위례신도시의 문제점에 대해 인터뷰를 했다.

그렇다면 위례신도시 상가를 분양받은 이들 중엔 실패한 사람만 있을까? 내 수강생 중에 위례신도시 상가를 분양받겠다며 지도를 들고 찾아온 사람이 있었다. 나는 트램이 지나는 자리는 상가 공급이 많으니 투자하지 말라고 권했다. 대신 위례신도시 내의 다른 상가를 권했다.

그는 그 상가를 10억 원에 분양받았고, 현재 보증금 1억 원에 월 550만 원의 임대료를 받고 있다. 몇 년 전엔 13억 원에 팔라는 제안까지 받았으니 성공적

인 투자였다.

〈그림 12-9〉를 보자. 당시 수업 때 다룬 상가는 중앙권역에서도 중앙에 있는 상가였다. 그리고 그 한가운데에 보행자도로를 사이에 두고 트램이 개통될 계획이었다. 내 수강생 역시 트램이 지나는 자리 중 어디에 투자하면 좋을지 물어온 것이다. 나는 동부권역의 한 지점을 가리키며 '그곳'을 사라고 권유했다.

〈그림 12-10〉에서 파란 실선으로 표시한 곳이 상가지역이다. 중앙권역은 1차 상권이라 할 수 있는 인접 아파트 세대 수에 비해 상가의 면적이 넓다. 이게 넓다는 것이 느껴지지 않는다면 동부권역을 보면 쉽게 알 수 있다. 동부권역 상가는 주거지역에 비해 면적이 몹시 좁다.

그리고 상가투자는 당연히 세대 수 대비 상가 수가 적은 곳이어야 승률이 높

다. 물론 중앙권역의 상가는 동부권역을 비롯한 주변의 세대 수를 2차 상권의 범위에 둘 수 있는 입지지만, 그럼에도 1차 상권의 범위가 좁다는 건 치명적인 단점이다.

그러기에 나는 애시당초 트램이라는 상징성이 있더라도 중앙권역을 보지 말고 동부권역을 보라고 했다. 그렇다면 내 수강생은 동부권역 안에서 어느 곳을 샀을까?

〈그림 12-11〉을 보자. 나는 2번 권역을 권했다. 1번과 2번이 만나는 사거리가 코너로 가장 좋은 입지의 상가겠지만, 그곳은 비싸거나 분양관계자가 이미 찜(?)해둔 상태일 가능성이 높아 보였다. 이런 1입지를 놓친다면 대안이 필요하다. 분당에서 안경점을 운영하는 내 수강생은 위례신도시에서 안경점을 직접 운영할 가능성도 있기에 1층 상가만 원했기에 대안을 1층에서만 찾아야 했다.

코너를 버린다면 2번 쪽이 좋겠다는 평가를 했다. 이곳처럼 유효수요가 주

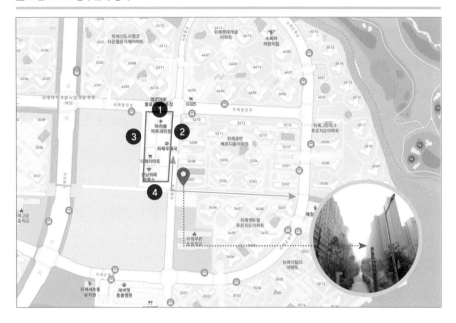

거지뿐인 신도시 상가는 주된 업종이 학원, 병원, 은행, 슈퍼마켓, 베이커리 등

이다. 그리고 이런 업종은 전면지가 좋다. 그러니 3번과 4번은 탈락이고, 1번과

2번 중 세대 수를 더 많이 잡을 수 있는 곳을 찾아야 한다. 그러니 답은 당연히

2번이다.

　2번이라면 코너가 아니어도 꽤 괜찮은 입지다. 파란 실선으로 표시한 동선

을 따라 보행자 전용 도로가 잘 만들어져 있고, 이 동선을 이용할 세대 수가 코

너를 이용할 세대 수 못지않게 많을 것이기 때문이다. 동쪽 아파트 출입구와

횡단보도도 살펴봤다. 2번 라인 중에서도 횡단보도에서 1번과 2번이 만나는

코너 사이를 분양받으면 좋겠다고 조언했다.

　결과는 성공적이었다. 공실이 넘치는 위례신도시에서 분양받은 상가임에도 성공한 사례 중 하나로 꼽히는 것이다. 이 자리에 휴대전화 대리점이 본사 직영으로 입점했고, 지금까지 임대료를 단 하루도 연체하지 않고 잘 내고 있다고 한다. 덕분에 나는 명품 브랜드의 값비싼 안경과 선글라스를 갖게 됐다.

맺는 말

끝까지 살아남아
이길 입지를 찾아라

경기침체와 코로나19 유행을 생각하면, 상가투자는 아무래도 잠시 쉬어야 할 것만 같다. 특히 코로나19로 인해 모임이 줄고 온라인 쇼핑이 늘면서 소매점의 영업환경은 더욱 악화되고 있다. 얼마 전에는 부동산 재벌인 롯데그룹이 창사 이래 첫 구조조정을 단행한다는 언론 보도가 있었다. 사태의 심각성이 더욱 크게 다가온다.

정부는 재난기본소득 등 재정 확대 정책을 쓰며 지출을 늘려 경기부양을 도모하고 있다. 이는 우리만의 이야기가 아니라 전 세계적 추세가 될 가능성이 높다. IMF는 외환보유고가 부족한 아시아 일부 국가의 문제였지만 코로나19는 전 세계의 문제 아닌가.

이는 전 세계적으로 정부 지출이 늘어 유동성이 엄청나게 증가할 것을 예상하게 한다. 이로 인해 금리가 낮아지고 필연적으로 저성장도 따라올 것이다. 저성장, 저금리, 풍부한 유동성이라는 환경은 수익형 부동산인 상가를 소유하고 싶은 욕구를 높일 것이다. 문제는 좋은 상가 찾기가 여간 쉽지 않다는 것이다.

그런 점에서 이 책은 큰 지침서가 될 것이다. 수많은 지역의 프랜차이즈점 매출을 짚어주니 앞으로 살아남을 곳과 그렇지 않을 곳을 쉽게 구분해낼 수 있다. 특히 주목해야 할 점은, 장사가 덜 되는 자리에서 폐업 점포가 나오면 장사가 잘되는 점포는 더더욱 잘되는 현상이 벌어진다는 것이다. 즉 일 매출이 130만 원이던 편의점이 문을 닫으면, 근처 더 좋은 자리에서 일 매출이 200만 원이던 편의점이 250만 원으로 매출이 증가한다.

아파트에만 양극화가 일어나는 것이 아니다. 상가 시장도 양극화를 향해 달려가고 있다. '똘똘한 한 채'는 더 이상 아파트에만 해당되는 내용이 아니게 됐다.

가령 서교동의 세븐일레븐 서교5호점과 CU 서교제일점은 같은 상권에 입지 조건도 유사하다. 그런데 최근 한 점포가 문을 닫았다. 코로나19가 유행하기 조금 전이었으니 가장 큰 원인은 최저임금 인상이었을 가능성이 매우 크다.

폐점한 쪽은 세븐일레븐 서교5호점이다. 일 매출 100만 원 초반대의 점포로 수익이 좋진 않으나 가맹점주의 인건비 정도는 벌 수 있는 자리였다. 하지만 최저임금 8,590원으로는 월세가 0원이라도 남는 것이 별로 없다.

GS25의 2019년 평균 일 매출은 190만 원 정도였다. 이는 130만 원이던 2010년 초에 비해 무려 50% 가까이 높아진 것이다. 물가 상승도 한 원인이겠지만, 결정적인 이유는 일 매출 100만 원 초반대의 부진한 점포들이 대거 문을 닫으면서 잘되는 곳만 살아남았기 때문이다.

이런 현상은 코로나19의 영향을 받는 상권일수록 심화될 것이다. 대표적인 곳이 대학가 상권이다. 고려대 앞의 어느 프랜차이즈점은 2019년 3월 한 달 매출이 6,000만 원 정도였다. 그러나 2020년 3월에는 코로나19로 인해 등교하는 학생들이 없어 2,800만 원 선으로 주저앉았다. 이 밖에도 유흥가 등 사람들이 모이는 상권은 10% 정도 매출이 하락했다. 반면 주거지 상권은 매출 하락이 없었다.

세븐일레븐 서교5호점이 있던 자리는 얼마간 공실 상태였다가 식자재 유통점이 입점했다. 매장 영업이 아니라 배송 영업을 주로 하는 곳이다. 공실이 해소돼 다행이지만, 편의점보다 선호도가 떨어지는 세입자임에는 틀림없다.

다시 한 번 강조하지만, 경기부진에서 살아남아 이길 수 있는 입지를 골라내야 한다. 그런 면에서 이 책이 여러분에게 크게 활용되기를 바라며 글을 맺는다.

1일 매출로 보는
대한민국 상가투자 지도

제1판　1쇄 발행 | 2020년 9월 14일
제1판 15쇄 발행 | 2024년 1월 29일

지은이 | 김종율
펴낸이 | 김수언
펴낸곳 | 한국경제신문 한경BP
책임편집 | 윤효진
저작권 | 백상아
홍보 | 서은실 · 이여진 · 박도현
마케팅 | 김규형 · 정우연
디자인 | 권석중
본문디자인 | 디자인 현

주소 | 서울특별시 중구 청파로 463
기획출판팀 | 02-3604-590, 584
영업마케팅팀 | 02-3604-595, 562　FAX | 02-3604-599
H | http://bp.hankyung.com　E | bp@hankyung.com
F | www.facebook.com/hankyungbp
등록 | 제 2-315(1967. 5. 15)

ISBN 978-89-475-4629-4　03320